AF532867

Superschlaues WISSEN für Kids

circon

Baierbrunner Straße 27, 81379 München

Ausgabe 2022

2. Auflage

Text: Dr. Heidi Schooltink (S. 6–101), Karolin Küntzel (S. 102–149),
Iris Ottinger (S. 150–167), Georg Döhring (S. 168–185)

Redaktion: Jennifer Döhring

Produktion: Ute Hausleiter

Abbildungen: siehe Bildnachweis S. 190

Titelabbildungen U1: shutterstock.com: martan (Mensch), Matis75 (Schiff), Maxx-Studio (Kolosseum), Jaroslav Moravcik (Tutanchamun), Ortis (Zweig), sevenke (Elefant), Glass and Nature (Kolibri), YuRi Photolife (Dinosaurier), adike (Erde), ittisak boonphardpai (Blatt), elena_l (Tafel); Rücken + U4: shutterstock.com: Ambient Ideas (Schmetterling), Ortis (Zweig), Rost9 (DNA-Struktur), Glass and Nature (Kolibri), mariait (Schimpanse), jaroslava V (Giraffe), Krilerg saragorn (Flugsaurier), Yurchanka Siarhei (Blutkörperchen), elena_l (Tafel); istockphoto.com: clu (Azteken-Kalender)

Gestaltung: FSM Premedia GmbH & Co. KG
Umschlaggestaltung: Agentur Nemetz, Offingen

ISBN 978-3-8174-2981-3
381742981/2

Besuchen Sie uns auf Instagram und Facebook: circonverlag

www.circonverlag.de

Inhaltsverzeichnis

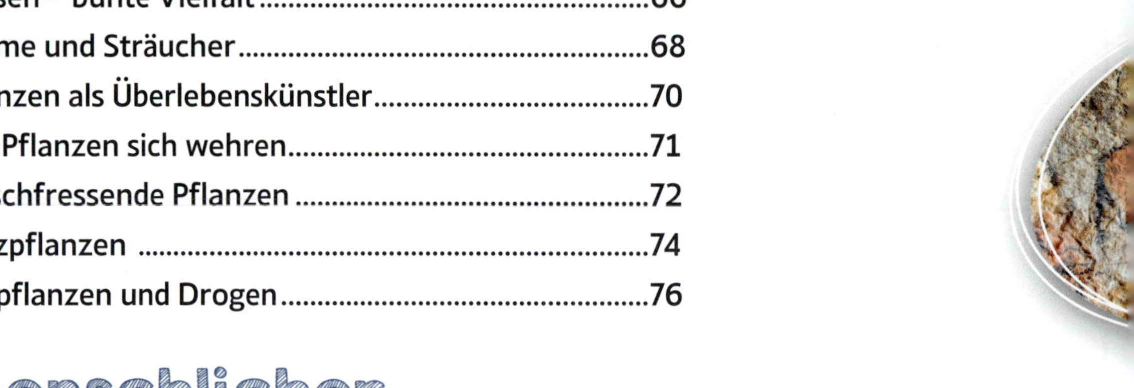

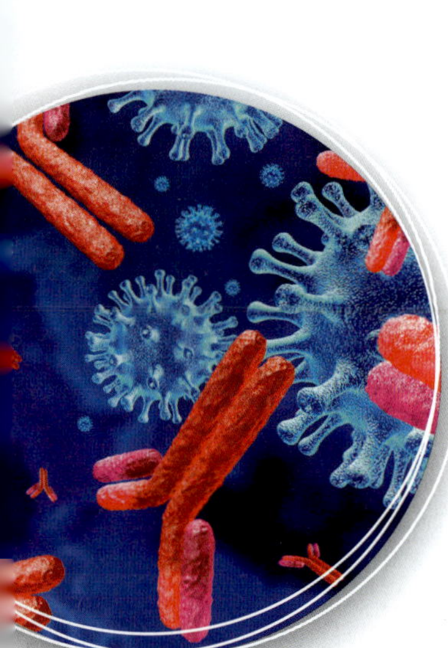

UNSERE ERDE

Unsere Erde

Unsere Erde existiert seit 4,6 Milliarden Jahren und ist ein ganz besonderer Planet: Er ist der einzige, den wir kennen, auf dem Leben möglich ist. Das hängt mit verschiedenen Dingen zusammen. Zum Beispiel enthält die Atmosphäre – die Gashülle, die unseren Planeten umgibt – genug Luft zum Atmen. Die Temperatur ist genau richtig, es ist nicht zu heiß und nicht zu kalt. Außerdem ist ausreichend Wasser vorhanden – rund zwei Drittel der Erdoberfläche sind von Wasser bedeckt.

Erde in Bewegung

365 Tage und sechs Stunden braucht die Erde, um einmal um die Sonne zu kreisen. Wir Menschen haben daher unser Jahr in 365 Tage eingeteilt. Um die sechs übrig gebliebenen Stunden unterzubringen, gibt es alle vier Jahre ein Schaltjahr mit 366 Tagen.

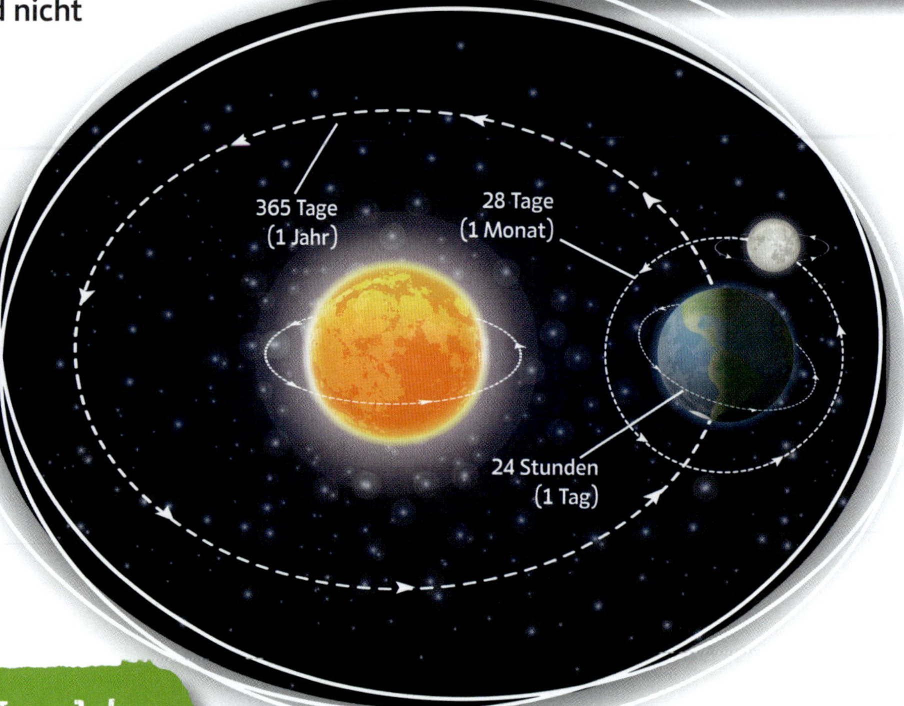

Tag und Nacht

Zusätzlich dreht sich die Erde in 24 Stunden um sich selbst. Daher wird die Erde abwechselnd von allen Seiten von der Sonne beschienen. Wenn bei uns in Deutschland die Sonne mittags hoch vom Himmel scheint, ist es auf der gegenüberliegenden Seite unseres Globus auf den Cook-Inseln im Pazifik gerade Mitternacht.

Kullerkirsche im Weltraum

Die annähernd kugelförmige Erde ist wie eine Kirsche aufgebaut. Die Schale der Frucht entspricht der Erdkruste, das Fruchtfleisch dem Erdmantel und der Kern dem Erdkern.

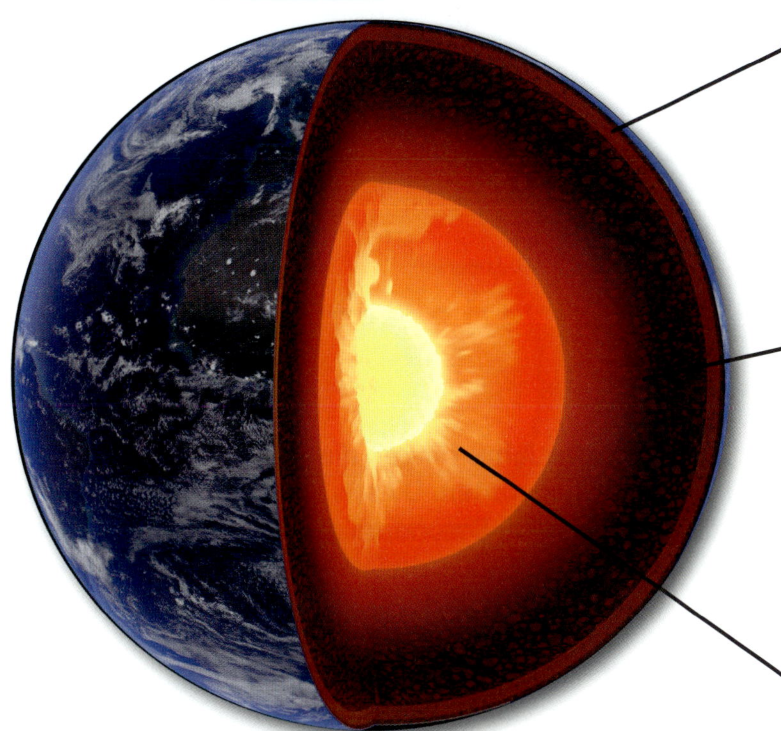

Der Boden unter unseren Füßen gehört ebenso wie der Meeresboden zur Erdkruste. Diese feste Schicht aus verschiedenen Gesteinen ist zwischen 5 und 50 Kilometer dick.

In dem darunterliegenden knapp 3000 Kilometer dicken Erdmantel schmilzt bei Temperaturen von bis zu 3500 Grad Celsius und hohem Druck ein Teil der Gesteine.

Die überwiegend aus Eisen und Nickel bestehende 4000 Kilometer dicke Schicht des Erdkerns ist außen flüssig und innen fest.

Angekratzte Oberfläche

Das weltweit tiefste Bohrloch im russischen Kola reicht gerade einmal 12 Kilometer in die Erdkruste hinein und hat den Erdmantel nicht erreicht. Die Bohrung musste abgebrochen werden, weil es in dieser Tiefe mit fast 200 Grad Celsius bereits so heiß war, dass der Bohrer nicht mehr funktionierte.

Woher wissen wir, wie es im Erdinnern aussieht?

Unser Wissen über die tieferen Schichten der Erde beruht auf Messungen von Erdbebenwellen, die sich je nach Material und Zustand des Materials – fest oder flüssig – unterschiedlich ausbreiten. Weitere Schlüsse lassen sich aus dem Magnetfeld der Erde ziehen. Auch Vulkane spucken häufig Material aus, das aus dem Erdmantel stammt.

Kontinente und Ozeane

Wie viele Kontinente gibt es?

Das hängt vom Betrachter ab – unterscheidet man Antarktika, Amerika, Afrika-Eurasien und Ozeanien, sind es nur vier. Üblicher ist aber die Aufteilung der Landmassen in sieben Kontinente: Antarktika, Nordamerika, Südamerika, Europa, Asien, Afrika und Australien. Die Arktis ist kein Kontinent, weil sich unter dem Eis kein Festland befindet.

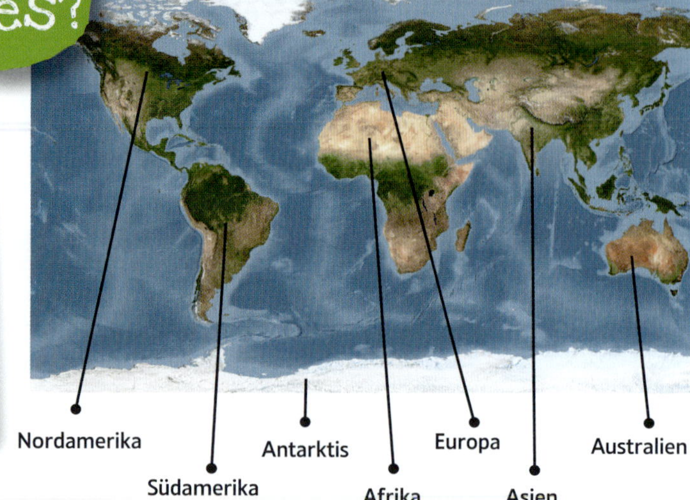

Superkontinent

Bis vor 150 Millionen Jahre hingen die großen Landmassen auf unserem Globus noch zusammen. Diesen Superkontinent nennen die Wissenschaftler Pangäa. Besonders gut lässt sich das heute noch an der Westküste Südamerikas und Ostküste Afrikas erkennen, deren Formen wie zwei Puzzleteile zusammengelegt werden können.

Der Superkontinent Pangäa vor 150 Millionen Jahren

Die heutige Position der Kontinente

Kontinente in Bewegung

Die Position der Landmassen auf der Erde verschiebt sich also im Laufe der Zeit. Die Erdkruste besteht aus unterschiedlich großen Platten, die auf dem zähflüssigen Erdmantel schwimmen. Die Bewegung der Erdplatten beeinflusst auch das Oberflächenprofil der Kontinente. Die Anden an der Westküste Südamerikas haben sich aufgetürmt, weil sich dort die Nazca-Platte unter die Südamerikanische Platte schiebt.

Drei oder fünf?

Bei der Zählung der Ozeane gibt es ein ähnliches Kuddelmuddel wie bei den Kontinenten. Oft werden mit dem Atlantischen, Indischen und Pazifischen Ozean lediglich drei Ozeane gezählt. Wissenschaftler unterscheiden aber mit dem Arktischen und Südlichen Ozean jeweils in den Polregionen noch zwei weitere.

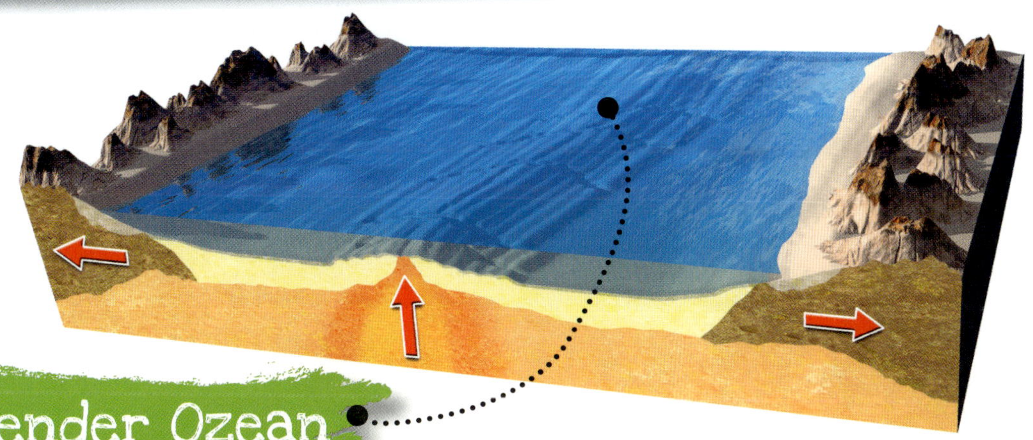

Wachsender Ozean

Der Atlantische Ozean wird jedes Jahr um vier Zentimeter breiter, da die Eurasische und Afrikanische Platte auf der einen Seite und die Nord- und Südamerikanische Platte auf der anderen Seite auseinanderdriften. Der Spalt wird mit nach oben drückendem Material aus dem Erdmantel aufgefüllt. Das entstehende Unterwassergebirge wird als Mittelatlantischer Rücken bezeichnet.

Verrechnet

Zu Zeiten von Christoph Kolumbus waren Indien und China wichtige Handelspartner für Europa. Der gefährliche Landweg wurde aufgrund von hohen Zöllen auf alle Waren zunehmend unattraktiv. Während Vasco da Gama den Seeweg um Afrika erkundete, versuchte Kolumbus es über die Westroute. Die Menschen damals wussten, dass die Erde eine Kugel ist, allerdings unterschätzten sie die Größe der Erdkugel deutlich. Als Kolumbus die Karibischen Inseln in Amerika sah, glaubte er daher die Ostküste Indiens erreicht zu haben.

Wetter und Klima

Wie du schon gehört hast, dreht sich die Erde einmal im Jahr auf einer Umlaufbahn um die Sonne. Zusätzlich dreht sie sich um sich selbst, wodurch der Tag-Nacht-Rhythmus entsteht. Da die Rotationsachse nicht senkrecht zur Umlaufbahn steht, ist der Abstand der Sonne zur Erde auf der Nord- und Südhalbkugel im Jahresverlauf verschieden. Deshalb sind bei uns im Sommer die Tage länger, die Sonne steht höher am Himmel und es wird wärmer. Im Winter bleibt die Sonne dagegen näher am Horizont und die Tage sind kürzer. Dann wärmen die Sonnenstrahlen die Atmosphäre weniger stark auf.

Nordhalbkugel Sommer

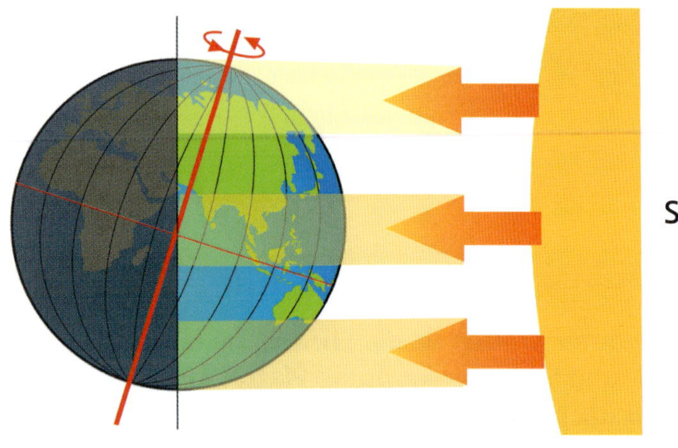

Südhalbkugel Winter

Sonne

Nordhalbkugel Winter

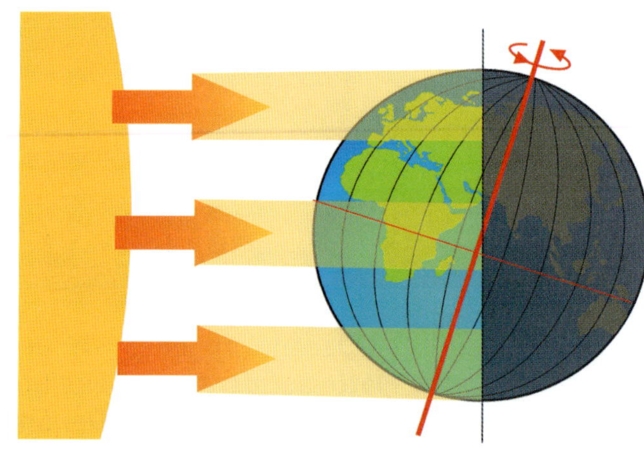

Südhalbkugel Sommer

Ewiger Sommer

Dort wo die Erde ihren größten Umfang hat, am Äquator, bleiben die Sonneneinstrahlung und die Tageslänge im Jahresverlauf gleich. Daher ist es in den Gegenden um den Äquator gleichmäßig warm.

Lange Tage an den Polen

An den Polen geht die Sonne ein halbes Jahr nicht unter. Dennoch erwärmt sich die Atmosphäre nicht, weil die Sonnenstrahlen dort schräg auf die Erde treffen.

Weihnachten in Badehose

Auf der Südhalbkugel sind die Jahreszeiten vertauscht: Wenn wir Weihnachten feiern, packen in Australien die Menschen die Badehose aus.

Karomuster für die Erde

Über die Längen- und Breitengrade lässt sich jeder Ort auf der Erde genau bestimmen. Die Breitengrade verlaufen von West nach Ost. Die Längengrade von Nord nach Süd.

N

O

S

Quergestreiftes Klima

Aus der unterschiedlichen Sonneneinstrahlung in Abhängigkeit vom Breitengrad ergeben sich grob die Klimazonen der Erde. Die Tropen liegen um den Äquator. Nördlich und südlich schließen sich die Subtropen, die gemäßigten Zonen sowie die subpolaren und polaren Regionen an.

Keine geraden Linien

Wie du an der Karte sehen kannst, verlaufen die Grenzen der Klimazonen nicht ganz gerade. Wie warm es an einem Ort tatsächlich ist, hängt von vielen Faktoren ab. Beispielsweise sind Temperaturschwankungen in Küstenregionen geringer als mitten auf dem Kontinent, weil Wasser weniger schnell seine Temperatur ändert. Auch bei uns ist es an der Nord- und Ostsee im Sommer meist kühler als im Binnenland.

Am kältesten ist es in der Antarktis, hier wurden auf der Forschungsstation Wostok am 21. Juli 1983 knapp minus 90 Grad Celsius gemessen.

„Tal des Todes" – der Name klingt nicht sehr einladend, oder? Im Death Valley in Kalifornien herrschen schon mal Lufttemperaturen über 50 Grad Celsius. Regen fällt nur sehr selten.

Sonne als Motor des Wasserkreislaufes

Scheint die Sonne auf Wasserflächen, verdunstet das Wasser und steigt nach oben. In kälteren Luftschichten lagert sich der Wasserdampf an Staubteilchen an und bildet winzige Tröpfchen. Die unzähligen Tröpfchen sind von der Erde aus als Wolken erkennbar. Treffen die Wolken auf kalte Luft, geht es wieder abwärts und es regnet. Das Regenwasser versickert im Boden oder wird über Bäche und Flüsse ins Meer transportiert.

Kristallregen

Wenn es in der Wolke so kalt ist, dass die Tröpfchen gefrieren, bilden sich Kristalle, die sich leicht ineinander verhaken. So entstehen die Schneeflocken, die bei uns im Winter vom Himmel segeln.

Fast so groß wie ein Fußball

Hagelkörner können eine beträchtliche Größe erreichen. In den USA wurde 2010 ein Hagelkorn mit einem Durchmesser von 20 Zentimetern gefunden. Die Eiskugel wog knapp 900 Gramm!

Hoch, runter, hoch – Hagel

Bei der Entstehung von Hagelkörnern fallen die Wolkentröpfchen nicht auf die Erde hinab, sondern steigen in kalte Luftschichten auf, wo sie gefrieren. Dann sinken sie wieder ab und lagern neue Wasserschichten an, bevor sie wieder aufsteigen. Je häufiger das passiert, desto größer werden die Hagelkörner, die schließlich auf die Erde prasseln.

Sonne und Wind

Wind ist nichts anderes als sich bewegende Luftmassen. Auch hier hat die Sonne ihre Finger im Spiel. Da sich die Luft über dem Meer langsamer erwärmt als über dem Land und warme Luft nach oben steigt, wird die entstehende „Luftlücke" durch kalte vom Meer nachströmende Luft ersetzt. Über dem Meer kühlt sich die Luft dagegen ab und sinkt nach unten.

Steife Brise am Meer

Wenn du schon mal am Meer warst, weißt du bestimmt, dass es am Strand auch dann heftig weht, wenn du in der Stadt den Wind kaum spürst. Das liegt daran, dass sich die Luftmassen über die glatte Wasseroberfläche ungehindert fortbewegen können, während sie an Land durch Berge, Hügel und Wälder abgebremst werden. Das ist wie beim Fahrradfahren. Auf einer ebenen asphaltierten Straße bist du schneller unterwegs als auf einer hügeligen und sandigen Piste.

Fast so schnell wie ein Formel-1-Auto

Ab Windgeschwindigkeiten von 75 Stundenkilometern sprechen die Wissenschaftler von einem Sturm. Bei Geschwindigkeiten von über 112 Stundenkilometern handelt es sich um einen Orkan. Geschwindigkeiten um 200 Stundenkilometer sind bei uns keine Seltenheit. 1985 wurde auf der Zugspitze mit 335 Kilometern die höchste je in Deutschland gemessene Windgeschwindigkeit registriert.

Flüsse, Seen und Ozeane

Mehr als 70 Prozent der Erdoberfläche ist von Ozeanen bedeckt. Das Salzwasser in den Meeren macht etwa 97 Prozent des flüssigen Wassers auf der Erde aus. Die übrigen knapp drei Prozent Süßwasser verteilen sich auf Gletscher und Grundwasser sowie Flüsse, Bäche und Seen.

Gletscher

Ein Bach ist deutlich kleiner als ein Fluss.

Nicht zu heiß und nicht zu kalt

Mit einem Abstand von durchschnittlich 150 Millionen Kilometern von der Sonne liegt der Planet Erde mitten in der bewohnbaren Zone. Forscher glauben, dass nur innerhalb eines gewissen Abstandsbereiches zwischen einem Planeten und seinem zentralen Stern überhaupt Leben möglich ist, da dort Wasser in flüssiger Form vorkommen kann. Ist der Abstand kleiner, wird es zu heiß, das Wasser verdampft. Bei längeren Abständen und daraus folgenden niedrigeren Temperaturen würde das Wasser gefrieren.

Die Menge macht's!

Ursprünglich stammt das Salz im Meer aus den Gesteinen der Erdkruste. Bei Regenfällen wird es ausgewaschen und über Bäche und Flüsse ins Meer transportiert. Die Salzmengen sind so gering, dass das Wasser in den Fließgewässern nicht salzig schmeckt. Seit Jahrmillionen landet aber immer wieder neues Salz in unseren Ozeanen, sodass die Konzentration bis heute auf 35 Gramm – das entspricht etwa zwei gehäuften Esslöffeln – pro Liter angestiegen ist.

Künstliche Abkürzungen

Flüsse und Meere sind für Menschen wichtige Transportrouten, weil man mit Schiffen riesige Mengen an Material befördern kann. Fehlen natürliche Flüsse, hilft der Mensch mit künstlichen Kanälen nach. Der 1869 eröffnete Suezkanal verbindet mit knapp 200 Kilometer Länge das Mittelmeer mit dem Roten Meer. Ohne ihn müssten Öltanker, die nach Europa wollen, um Afrika herumfahren. Durch die Abkürzung sparen die Schiffe knapp drei Wochen Fahrtzeit.

Untergehen ausgeschlossen

Im Toten Meer treiben Schwimmer dank des hohen Salzgehaltes von über 300 Gramm pro Liter wie Korken auf der Wasseroberfläche. Allerdings sollte man beim Baden kein Wasser in den Mund bekommen. Die hochkonzentrierte Salzlösung kann für Menschen tödlich sein.

Wettlauf um Platz 1

Der Nil in Afrika gilt mit circa 6650 Kilometern als längster Fluss der Erde. Der Amazonas in Südamerika belegt lediglich was die Menge des transportierten Wassers angeht, Platz 1, in puncto Länge muss er sich in der Regel mit Platz 2 zufriedengeben. Doch die Längenmessung des Amazonas gestaltet sich schwierig. Welcher der zahlreichen Quellflüsse ist der Ausgangspunkt des Flusses? Wo endet der Fluss und beginnt das Meer? Immer wieder tauchen neue Längenangaben auf, manche davon übertreffen auch die des Nils.

Nil

Berge und Höhlen

Die Rocky Mountains, Alpen und Anden hat es nicht immer gegeben. Gebirge entstehen an den Rändern sich bewegender Kontinentalplatten. Das höchste Gebirge der Erde, der Himalaja in Asien, ist durch die Kollision der nach Norden driftenden Indischen Platte mit der Eurasischen Platte entstanden. Auch heute noch wächst der Himalaja jedes Jahr ein paar Millimeter.

Maximale Höhe noch nicht erreicht!

Der Mount Everest ist mit über 8800 Metern der höchste Berg der Erde. Forscher haben herausgefunden, dass die maximal erreichbare Höhe eines Berges bei etwa 10.000 Metern liegt. Verantwortlich für diese Grenze ist die Erdanziehungskraft. Höhere Berge hätten so viel Eigengewicht, dass sie in den Erdmantel einsinken würden.

Todesmutig

Seit der Erstbesteigung im Jahre 1953 haben mehr als 8000 Menschen den Gipfel des Mount Everest erreicht – der jüngste war 13 Jahre alt, der älteste 80 Jahre. Über 250 Menschen starben bei dem Versuch.

Der Einfluss von Wind und Wasser

Erdgeschichtlich junge Bergmassive wie die Alpen sind durch schroffe, steil aufragende Felsen gekennzeichnet. Doch an allen Gebirgen nagt der Zahn der Zeit. Durch Wind und Wasser werden Kanten glatt geschliffen und die Berge verlieren an Höhe. Durch diese als Erosion bezeichneten Prozesse sind unter anderem die deutschen Mittelgebirge geformt worden.

Die bayerischen Alpen

Heilige Berge

Berge üben schon seit Jahrtausenden auf Menschen eine große Anziehungskraft aus. In vielen Kulturen gibt es heilige Berge. Ein Beispiel ist der Uluru in Australien, der in den Mythen der australischen Ureinwohner eine zentrale Rolle spielt. Besonders bei Sonnenuntergang besticht der Uluru durch seine rote Farbe. Diese kommt durch den Eisengehalt der Gesteine zustande. An der Luft reagiert Eisen mit Sauerstoff und es entsteht Eisenoxid. Diesen Prozess kennst du sicher von rostenden Metallgegenständen.

Der Uluru bei Sonnenuntergang

Höhlen als Zufluchtsstätte

In vielen Gebirgen finden sich Hohlräume im Gestein. Unsere steinzeitlichen Vorfahren haben diese natürlichen Hohlräume unter der Erde häufig als Wohnstätten genutzt. Klingt nicht sehr gemütlich, oder?

Höhlen als Attraktion

Heute ziehen viele Höhlen jedes Jahr zahlreiche Touristen an. Besonders eindrucksvoll sind sogenannte Tropfsteinhöhlen. In diesen Höhlen sind durch langsames Fließen oder Tropfen von kohlensäurehaltigem Wasser faszinierende Säulenwelten entstanden. Die Wachstumsgeschwindigkeit der Tropfsteine ist unterschiedlich, im Durchschnitt brauchen sie aber pro Meter etwa 10.000 Jahre.

Stalaktit
Tropfsteine, die an der Decke hängen und nach unten wachsen, nennt man Stalaktiten.

Stalagnat
Manchmal treffen sich Stalaktiten und Stalagmiten in der Mitte, dann entsteht ein Stalagnat.

Stalagmit
Stalagmiten wachsen vom Boden nach oben.

Vulkane, Erdbeben und Tsunamis

Früher waren die Menschen den Naturgewalten viel stärker ausgesetzt als heute. In unseren gut beheizten Wohnungen und Häusern machen uns Kälte und Nässe nichts mehr aus. Doch auch heute noch zerstören Naturkatastrophen ganze Landstriche.

Vulkane – Pforten zum Erdinnern

In Vulkanen tritt flüssiges Gestein über Spalten in der Erdkruste an die Oberfläche. Häufig kündigt sich so ein Ausbruch durch kleine Erdbeben an. Eine hundertprozentige Vorhersage, wann ein Vulkan das nächste Mal ausbricht, gibt es bis heute nicht.

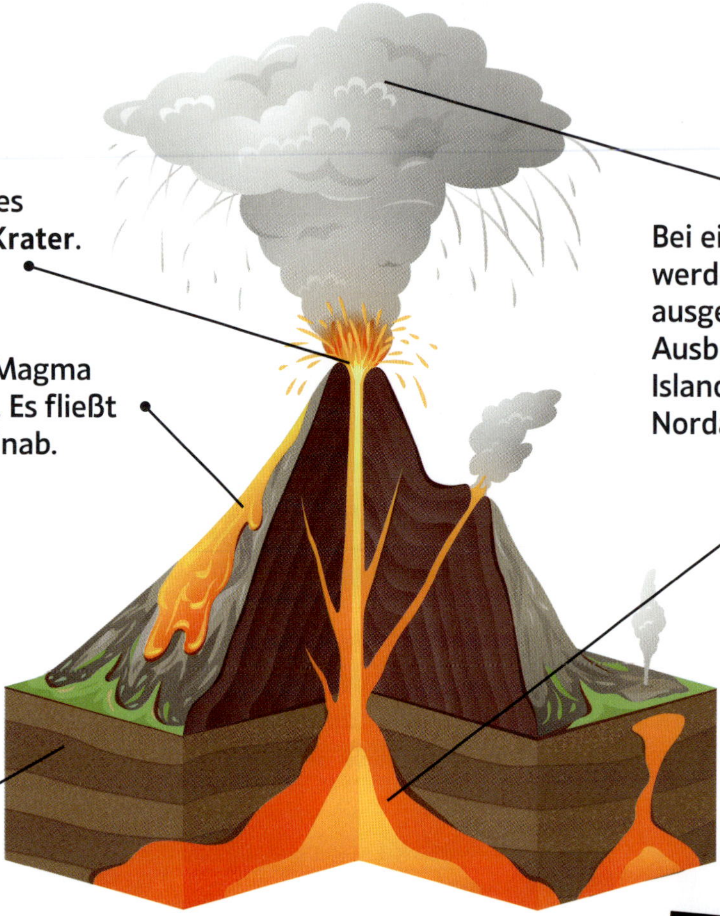

Der Ausgang des Vulkans heißt **Krater**.

Das ausgetretene Magma wird **Lava** genannt. Es fließt den Vulkankegel hinab.

Die an den Hängen des Vulkans erkaltenden Lavaschichten machen den Boden besonders fruchtbar. Deshalb siedeln sich dort immer wieder Menschen an.

Bei einem Vulkanausbruch werden oft große Aschewolken ausgestoßen. 2010 legte der Ausbruch eines Vulkans auf Island den Flugverkehr in Teilen Nordamerikas und Europas lahm.

Die **Magmakammer** ist ein Hohlraum in der Erdkruste, in der sich flüssiges Gestein ansammelt. Wächst der Druck, steigt das Magma nach oben und der Vulkan bricht aus.

Konservierte Geschichte

Der berühmteste Vulkanausbruch ereignete sich 79 nach Christus in Italien. Beim Ausbruch des Vesuvs wurde die römische Stadt Pompeji unter Staub und Asche begraben. Die Leichen zersetzten sich mit der Zeit. Die entstandenen Hohlräume wurden von Archäologen mit Gips ausgegossen. Diese Skulpturen zeigen, wie Menschen bei der Katastrophe vor knapp 2000 Jahren zu Tode kamen.

Viele Menschen fielen dem Ausbruch des Vesuvs zum Opfer.

Erdbeben

Erdbeben entstehen durch die sich bewegenden Kontinentalplatten. Wenn sich dabei zwei Kontinentalplatten verkanten, können Spannungen entstehen, die sich mit einem Ruck lösen. Dann wackelt die ganze Erde.

Hier ist durch ein Erdbeben die Straße aufgerissen.

Ein Seismograf spürt die Erschütterungen des Bodens und zeichnet diese auf.

Keine Gewissheit!

Forscher versuchen das Auftreten von Erdbeben vorherzusagen, damit sich die Menschen in Sicherheit bringen können. Obwohl gewisse Anzeichen messbar sind, ist es aber aktuell nicht möglich, den Ort und den Zeitpunkt eines Erdbebens exakt vorauszubestimmen.

Sechster Sinn?

Immer wieder berichten Augenzeugen, dass sich Tiere vor einem Erdbeben auffällig verhalten. Erste wissenschaftliche Untersuchungen an Kühen, Schafen und Hunden scheinen diese Beobachtungen zu bestätigen.

Seebeben mit verheerenden Folgen

Erdbeben unter dem Meeresboden können Wellen auslösen, die sich über Tausende von Kilometern über die Ozeane ausbreiten und sich dann an den Küsten zu meterhohen Monsterwellen auftürmen. 2004 kam es durch ein Seebeben im Indischen Ozean zu einem solchen Tsunami in Indien und Südostasien. Mit verheerenden Folgen – mehr als 200.000 Menschen starben.

Bodenschätze

Im Boden zu unseren Füßen lagern viele Rohstoffe, die wir Menschen nutzen. Schon in der Steinzeit gab es Bergwerke, in denen Feuersteine abgebaut wurden. Nach und nach interessierten sich die Menschen auch für andere Rohstoffe in der Erde. In der Geschichte unterscheidet man daher Kupfer-, Bronze- und Eisenzeit.

Metallerze

In der Erdkruste finden sich neben verschiedenen Gesteinen auch Metalle wie Eisen, Kupfer und Aluminium. Metalle kommen in der Regel nicht als Reinstoff in der Erde vor, sondern als sogenannte Erze.

Eisenerz

Heiße Produktion

Um Eisen aus dem Eisenerz herauszuschmelzen, herrschen in den Hochöfen über 2000 Grad Celsius. Eisen ist ein Hauptbestandteil von Stahl. Stahl steckt praktisch in allem, was wir Menschen bauen, egal ob Gebäude, Maschinen, Schiffe oder Fahrzeuge.

Der berühmte Eiffelturm in Paris wurde komplett aus Stahl gebaut.

Leichtgewicht

Das im Vergleich zu Eisen teure Aluminium verwenden wir immer dann, wenn das Produkt leicht sein soll. Dieses Metall wird daher beispielsweise für den Bau von Flugzeugen und Raketen genutzt, oder auch zum Verpacken von Lebensmitteln.

Aluminiumfolie wird in der Küche verwendet – zum Beispiel für Ofenkartoffeln.

Transport von elektrischer Energie

Kupfer besitzt eine hervorragende elektrische Leitfähigkeit. Daher findet sich das Metall in nahezu allen elektrischen Leitungen. Dagegen lässt sich mit Lithium elektrische Energie ausgezeichnet speichern. Aus Handys und Laptops sind Lithium-Akkus nicht mehr wegzudenken.

Seltene Erden

Wie ihr Name schon sagt, sind seltene Erden in der Erdkruste eine Rarität. Unter dem Begriff werden die Erze von 17 Metallen zusammengefasst. Die größten Vorkommen befinden sich in China. Wir Menschen nutzen diese Metalle beispielsweise in der Bildschirm- und Lasertechnologie.

Lanthan – eine der 17 seltenen Erden

Goldrausch

Gold gehört zu den wenigen Metallen, die als Reinstoff in der Erde vorkommen. Gold wird seit Jahrtausenden als Schmuck und auch als Zahlungsmittel genutzt. Die Nachricht von großen Goldfunden verbreitete sich immer schnell. Ende des 19. Jahrhunderts zog es mehr als 100.000 Menschen nach Alaska an den Klondike-River, nachdem dort Gold gefunden wurde. Für die meisten lohnte sich die Reise nicht. Nur einige Hundert von ihnen fanden so viel Gold, dass sie davon leben konnten.

Diamanten und Co.

Edelsteine wie Diamanten, Rubine, Saphire und Smaragde fangen erst durch den Schliff so richtig an zu funkeln. Der größte jemals gefundene Diamant wog über 600 Gramm! Zu schwer, um ihn sich als Ganzes um den Hals zu hängen. Der Rohdiamant wurde in 105 Teile gespalten. Einige dieser Teile schmücken heute die Kronjuwelen des englischen Königshauses.

Ein Rohdiamant

Erdöl, Erdgas, Kohle

Diese als fossile Brennstoffe bezeichneten Bodenschätze sind aus den Überresten von vor vielen Millionen Jahren lebenden Pflanzen und Tieren entstanden. Das Erdöl und Erdgas stammt hauptsächlich von im Meer lebenden Kleinstlebewesen. Hauptproduzenten der Kohle sind dagegen urzeitliche Wälder.

Wir leben nicht allein auf der Welt!

Die Erde ist nicht nur Heimat von uns Menschen, sondern auch von zahlreichen anderen Lebewesen. Wie viele verschiedene das sind, können die Forscher nur schätzen, da wir längst noch nicht alle Arten kennen. Beschrieben sind bisher etwa zwei Millionen Spezies. Jedes Jahr werden knapp 20.000 neue Arten entdeckt.

Gemeinsamer Ursprung

Alle heute existierenden Lebewesen stammen von einem gemeinsamen Vorfahren ab. Wahrscheinlich lebte diese Urform allen Lebens an etwa 100 Grad Celsius heißen Quellen in der Tiefsee.

Ordnung muss sein!

Damit Forscher den Überblick behalten, sortieren sie alle Lebewesen in Gruppen. Innerhalb der Hauptgruppen gibt es Untergruppen. Und so geht es immer weiter bis zu den Arten. So lässt sich für jedes Lebewesen ein entwicklungsgeschichtlicher Stammbaum erstellen.

Ahnenforschung

So ein Stammbaum ist vergleichbar mit den Verwandtschaftsbeziehungen in deiner Familie: Deine Geschwister haben die gleichen Eltern, deine Cousinen und Vettern die gleichen Großeltern. Je entfernter du mit einer Person verwandt bist, desto weiter musst du in die Vergangenheit zurückgehen, um gemeinsame Vorfahren zu finden. Entsprechend haben sich auch bei der Entwicklung der Lebewesen die Wege der Vorfahren nahe verwandter Arten später getrennt als die entfernt verwandter Arten.

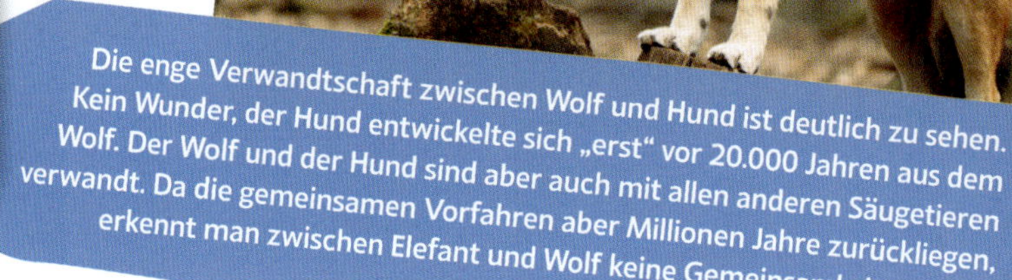

Die enge Verwandtschaft zwischen Wolf und Hund ist deutlich zu sehen. Kein Wunder, der Hund entwickelte sich „erst" vor 20.000 Jahren aus dem Wolf. Der Wolf und der Hund sind aber auch mit allen anderen Säugetieren verwandt. Da die gemeinsamen Vorfahren aber Millionen Jahre zurückliegen, erkennt man zwischen Elefant und Wolf keine Gemeinsamkeiten mehr.

Pilz bricht alle Größenrekorde

Bei den größten Lebewesen der Erde fallen dir vielleicht Blauwale ein, oder die ausgestorbenen Dinosaurier. Doch diese Giganten sind winzig verglichen mit einem in den USA beheimateten Hallimasch. Nur ein kleiner Teil dieses unscheinbaren Pilzes befindet sich über der Erde. Unterirdisch erstreckt sich der Pilz über eine Fläche von mehr als tausend Fußballfeldern.

Der Hallimasch sieht unauffällig aus, breitet sich unterirdisch aber über gewaltige Flächen aus.

„Reitender Urzwerg"

So lautet übersetzt der wissenschaftliche Name des kleinsten Lebewesens, das bisher entdeckt wurde. Der urtümliche Einzeller lebt tief im Meer an unterirdischen heißen Quellen. Für eine Kette von 10 Zentimetern müsste man 25 Millionen der Zellen aneinanderreihen.

Kurzes Vergnügen

Wie der Name andeutet, können sich Eintagsfliegen als erwachsene Insekten nicht gerade über ein langes Leben freuen. Einige Arten werden nicht mal eine Stunde alt und nutzen ihre Lebenszeit ausschließlich, um Nachkommen zu zeugen. Fressen ist Nebensache, daher besitzen die Tiere auch keine funktionstüchtigen Mundwerkzeuge.

Altersrekord im frostigen Meer

Mit bis zu 400 Jahren ist der Grönlandwal der Altersrekordhalter bei den Wirbeltieren. Das allerälteste Tier fristet dagegen sein Dasein auf dem Boden des antarktischen Ozeans. Das Lebensalter des extrem langsam wachsenden Schwammes wird auf 10.000 Jahre geschätzt.

Was ist Leben?

Manche Lebewesen wie die Schwämme im Meer sind kaum von Steinen zu unterscheiden. Auch deine Stofftiere sehen doch fast so aus wie echte Tiere, oder? Was unterscheidet eine echte Katze denn eigentlich von einer Plüschkatze? Oder anders gefragt: Welche Eigenschaften kennzeichnen ein Lebewesen?

Reaktion auf Reize

Jedes Lebewesen reagiert auf Reize aus seiner Umwelt. Katzen lieben es, hinter Bällen herzujagen, und suchen sich gerne ein warmes Plätzchen in der Sonne.

Nachwuchs

Katzen können wie alle Lebewesen Nachwuchs bekommen. Eine Katzenmama hat pro Wurf durchschnittlich zwei bis fünf Junge.

Entwicklung

Im Laufe der Zeit wachsen und entwickeln sich alle Lebewesen. Ein neugeborenes Katzenbaby wiegt gerade einmal so viel wie eine Tafel Schokolade, nämlich 100 Gramm. Ausgewachsene Katzen bringen dagegen drei bis fünf Kilogramm auf die Waage.

Stoffwechsel

Alle Lebewesen nehmen Stoffe aus der Umwelt auf und geben andere Stoffe an die Umwelt ab – das nennen die Forscher Stoffwechsel. Katzen brauchen wie wir Menschen Sauerstoff zum Atmen und natürlich Nahrung zum Überleben. Was nach der Verdauung davon übrig bleibt, landet im Katzenklo.

Bewegung

Alle Lebewesen können sich bewegen – auch Pflanzen. Beispielsweise folgen die Blüten der Sonnenblume dem Lauf der Sonne. Katzen sind wahre Bewegungskünstler und können aus dem Stand bis zu zwei Meter hoch springen.

Gemeinsames Bauprinzip

Und noch etwas haben alle Lebewesen gemeinsam: Sie sind aus Zellen aufgebaut. Diese Bausteine sind so klein, dass ihr sie mit dem bloßen Auge nicht sehen könnt. Einige Lebewesen bestehen nur aus einer einzigen Zelle, andere dagegen aus ganz vielen. Bei Menschen sind es rund 75 Billionen Zellen. Das sind rund 10.000-mal mehr, als es Menschen auf der Erde gibt. Verrückt, nicht?

Wie ist das Leben entstanden?

Die Frage ist gar nicht so leicht zu beantworten, schließlich ist das Leben auf der Erde geschätzt schon mehr als 3,5 Milliarden Jahre alt. Forscher glauben, dass es damals auf der Erde eine sogenannte Ursuppe mit vielen verschiedenen Substanzen gegeben hat. Diese Substanzen haben sich zu immer komplizierteren Verbindungen zusammengeschlossen, woraus schließlich die ersten Zellen entstanden sind.

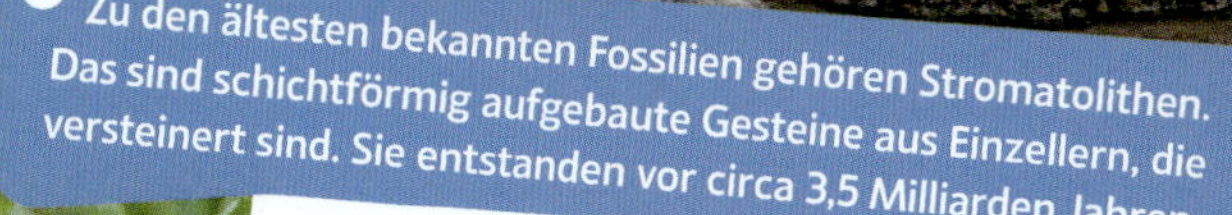

Zu den ältesten bekannten Fossilien gehören Stromatolithen. Das sind schichtförmig aufgebaute Gesteine aus Einzellern, die versteinert sind. Sie entstanden vor circa 3,5 Milliarden Jahren.

Wer hat vor uns hier gelebt?

Wie du schon gehört hast, haben alle Lebewesen auf der Erde gemeinsame Vorfahren. Im Laufe der Jahrmillionen haben sich durch die Anpassung der Lebewesen an ihre Umwelt immer neue Arten entwickelt und andere Arten sind wieder verschwunden, da sie mit den sich verändernden Bedingungen nicht zurechtkamen.

Herrscher der Vergangenheit

Ein Beispiel für ausgestorbene Lebewesen sind die Dinosaurier, die vor etwa 66 Millionen Jahren verschwanden. Mehr als 150 Millionen Jahre bevölkerten diese Tiere auf der Erde alle Lebensräume – das Land, das Wasser und die Luft.

Das Ende der Giganten

Die meisten Forscher glauben, dass ein Meteoriteneinschlag im heutigen Golf von Mexiko und eine Zunahme von Vulkanausbrüchen für das Massensterben der Dinosaurier am Ende der Kreidezeit verantwortlich war. Nach dem Einschlag kam es zu einer deutlichen Abkühlung und einem verminderten Wachstum der Pflanzen aufgrund der durch Staub- und Rußpartikel reduzierten Sonneneinstrahlung.

Auftritt für den Menschen

Der moderne Mensch oder Homo sapiens gehört zur Familie der Menschenaffen. Damit sind die Schimpansen, Gorillas und Orang-Utans unsere nächsten lebenden Verwandten. Die ältesten Arten der Gattung Homo entstanden vor etwa zwei Millionen Jahren. Der Neandertaler oder Homo neanderthalensis bevölkerte bis vor circa 40.000 Jahren gemeinsam mit dem Homo sapiens die Welt. Dann starb der Neandertaler aus und der Homo sapiens breitete sich über die ganze Erde aus.

Langsam, aber sicher

Neue Arten entstehen nicht von heute auf morgen. Vielmehr beruht dieser Prozess darauf, dass Lebewesen vererbbare Merkmale von Generation zu Generation an ihre Nachkommen weitergeben. Bietet ein bestimmtes Merkmal in einer bestimmten Umgebung einen Überlebensvorteil, ist die Wahrscheinlichkeit höher, dass Träger dieses Merkmals Nachkommen bekommen. Auch diese Nachkommen überleben wieder öfter und pflanzen sich öfter fort. Nach vielen Generationen haben alle Individuen einer Gruppe dieses Merkmal und eine neue Art ist entstanden. Forscher nennen diesen Prozess Evolution.

Beispiel langer Hals

Ganz schön schwer zu verstehen, meinst du? Dann hilft vielleicht ein Beispiel: Sicher kennst du Giraffen. Ihre Vorfahren hatten deutlich kürzere Hälse. In der afrikanischen Savanne waren bei den Giraffenvorfahren langhalsige Tiere bei der Futtersuche klar im Vorteil, weil sie in der trockenen Steppe an nahrhaftes Futter in den Baumkronen herankamen. Sie gaben das Merkmal „langer Hals" an ihre Nachkommen weiter. Kurzhalsige Tiere starben dagegen bei Nahrungsmittelknappheit, ohne vorher Nachkommen zu zeugen. Daher setzten sich nach und nach Tiere mit immer längeren Hälsen durch.

Auf die Umgebung kommt es an

In den Regenwäldern Afrikas leben auch heute noch kurzhalsige Verwandte der Giraffen, die Okapis. In dieser Umgebung bietet ein langer Hals keinen Überlebensvorteil.

TIERE

Tierisches Leben

Tiere brauchen Pflanzen

Tierisches Leben auf der Erde wurde erst durch die Pflanzen möglich. Pflanzen produzieren den Sauerstoff, den Tiere atmen, und die Nahrung, die sie fressen. Auch Löwen und Raubvögel sind auf Pflanzen angewiesen, da sie als Nahrung Beutetiere verzehren, die von Pflanzen leben.

Verborgene Arten

Aktuell sind knapp 1,5 Millionen Tierarten bekannt. Forscher gehen davon aus, dass insbesondere in den Regenwäldern oder in der Tiefsee zahlreiche Tiere existieren, die bisher noch nicht entdeckt wurden. Jedes Jahr stoßen Forscher auf einige Tausend neue Spezies.

Dieser kleine Gecko lebte bis vor einigen Jahren unentdeckt in Australien.

Mensch kontra Tier

Viele unserer tierischen Mitbewohner auf der Erde sind vom Aussterben bedroht. Die Menschen brauchen immer mehr Platz und nehmen so zahlreichen Arten den Lebensraum weg. Oder sie machen Jagd auf Tiere, die immer seltener werden. Auch der aktuelle Klimawandel ist für viele Arten ein Problem. Korallen kommen beispielsweise mit den wärmer werdenden Meeren nicht zurecht und sterben ab.

So sieht ein gesundes Korallenriff aus …

… und so sieht ein totes Korallenriff aus.

Begehrtes Horn

Zu den stark bedrohten Tierarten gehört das Sumatra-Nashorn. Insgesamt leben aktuell weniger als 100 Tiere in freier Wildbahn. Nashörner werden aufgrund ihrer Hörner gejagt. Zu Pulver zermahlen, werden diese in der traditionellen chinesischen Medizin als Schmerzmittel eingesetzt.

Geht doch!

Früher kamen Tiger in ganz Asien vor. 100.000 sollen es einmal gewesen sein. 2009 waren davon nur noch 3200 Exemplare übrig. Einige Länder beschlossen damals Schutzprogramme, um die Zahl der frei lebenden Tiger wieder zu erhöhen. Mit Erfolg! 2021 streiften schon wieder knapp 3900 dieser Raubkatzen durch die Wälder.

Hungertod

Auch bei uns in Deutschland sind bereits viele Tierarten ausgestorben, andere stehen kurz davor. Noch vor wenigen Jahrzehnten galt der massenhaft vorkommende Feldhamster als Ernteschädling. Heute ist er in den meisten Gegenden Deutschlands verschwunden. Als Ursache gilt das in der modernen Landwirtschaft übliche rasche Abernten riesiger Flächen. Dadurch haben die Tiere von einem auf den anderen Tag nichts mehr zu fressen und verhungern.

Neue Nachbarn

Auf der anderen Seite haben Menschen in Deutschland auch für neue tierische Mitbewohner gesorgt. Aus Pelztierfarmen und Zoos ausgebrochene oder ausgesetzte Waschbären fühlen sich bei uns pudelwohl. Manche Tierschützer haben aber Angst, dass die aus Nordamerika stammenden Tiere heimische Tierarten verdrängen.

Wirbellose Tiere

Unter dem Begriff „wirbellos“ werden alle Tiere zusammengefasst, die keine Wirbelsäule besitzen. Manche dieser Tiere sind so klein, dass man sie mit bloßem Auge nicht erkennen kann. Andere dagegen sind riesig. So leben in der Tiefsee Tintenfische, die mehr als zehn Meter lang werden können.

Überlebenskünstler im Kleinformat

Zu den Winzlingen unter den Wirbellosen gehören Bärtierchen. Die weniger als ein Millimeter großen Tierchen kommen in allen feuchten Lebensräumen vor. In Trockenzeiten ziehen sie ihre Stummelbeine ein und fahren ihre Körperfunktionen herunter. In diesem Dämmerzustand können sie jahrelang überdauern.

Blüten unter Wasser

Seeanemonen sind trotz ihres Namens und Aussehens keine Pflanzen, sondern gehören zu den Nesseltieren. Wie ihre mobilen Verwandten, die Quallen, besitzen die festsitzenden Seeanemonen an ihren Tentakeln Nesselzellen, die sie sowohl zum Beutefang als auch zur Verteidigung einsetzen.

Neue Lebensräume

Die meisten Plattwürmer leben als Parasiten im Inneren anderer Tiere. Bestimmte Stadien des Fuchsbandwurms können auch Menschen infizieren und eine lebensbedrohliche Erkrankung auslösen.

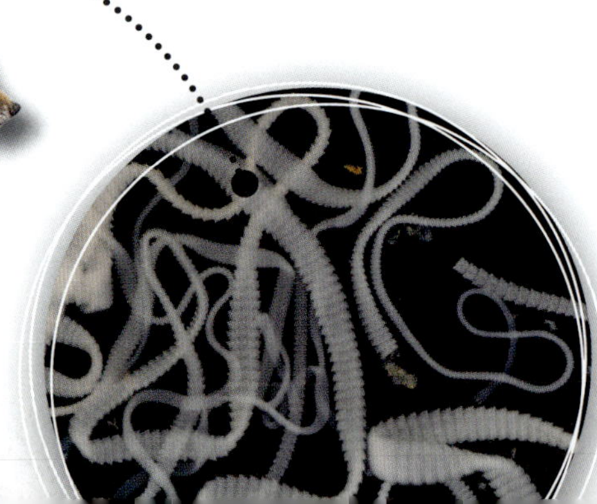

Mobiles Heim

Schnecken besitzen wie Muscheln und Tintenfische kein inneres Skelett. Die drei Gruppen werden daher als Weichtiere zusammengefasst. Muscheln schützen ihren weichen Körper mit zwei Schalen. Viele Schnecken, wie die Weinbergschnecke, tragen ein Haus mit sich herum. Auch junge Schnecken, die aus dem Ei schlüpfen, besitzen schon ein kleines Haus. Wenn die Schnecke wächst, wächst das Haus mit.

Helfer im Garten

Regenwürmer gehören zu den häufigsten Bewohnern der oberen Erdschichten. Sie ernähren sich von abgestorbenem Pflanzenmaterial. Regenwürmer durchwandern den Boden und geben den Kot meist oberirdisch ab. Dadurch wird der Boden durchmischt und gelockert. Das sich hartnäckig haltende Gerücht, dass bei einer Zerteilung des Wurmes beide Enden überleben, ist falsch. Allenfalls kann ein genügend großes „Vorderende" neue Segmente bilden und überleben.

Ungewöhnliche Vermehrung

Seesterne gehören zu den Stachelhäutern. Anders als bei den meisten Tieren gibt es kein Rechts und Links. Seesterne krabbeln mit fünf Armen auf dem Meeresuntergrund herum. Bei manchen Arten wachsen verloren gegangene Arme einfach wieder nach. Sogar aus dem abgetrennten Arm entwickelt sich ein neuer Stern.

Wirbellose Tiere – Gliederfüßer

Misst man den Erfolg einer Tiergruppe an ihrem Artenreichtum, sind die Gliederfüßer die Gewinner. Vier von fünf Tieren, die auf der Erde herumspazieren, gehören zu den Gliederfüßern. Gemeinsame Merkmale dieser wirbellosen Tiere sind ein in Abschnitte gegliederter Körper und ein Außenskelett. Da das Skelett nicht mitwachsen kann, häuten sich die Tiere, wenn sie wachsen. Gliederfüßer haben alle Lebensräume der Erde erobert. Die wichtigsten Gruppen der Gliederfüßer sind Krebse, Spinnentiere, Tausendfüßer und Insekten.

Wer hat die Kokosnuss geklaut?

Die meisten Krebse leben im Wasser. Manche Arten haben sich aber auch auf dem Land eingerichtet. Dazu gehört der stattliche Palmendieb. Bis zu 40 Zentimeter werden die Tiere lang. Mit seinen imposanten Scheren kann das Tier selbst Kokosnüsse öffnen.

Fliegende Spinnen

Spinnentiere lassen sich an ihren vier Beinpaaren erkennen. Einige Vertreter, die Webspinnen, bauen kunstvolle Netze aus Spinnenseide, um ihre Beute zu fangen. Jungspinnen nutzen die Seidenfäden aber auch, um sich mit dem Wind verbreiten zu lassen. Meist endet der Ausflug schon nach wenigen Metern. In Ausnahmefällen legen die Tierchen auch Hunderte von Kilometern zurück.

Verzählt!

Tausendfüßer besitzen, wie ihr Name andeutet, sehr viele Beine, wobei tausend wohl übertrieben ist. Die Angaben zur Beinzahl sind nicht immer verlässlich, da bei manchen Arten die Zahl der Beine bei jeder Häutung zunimmt. Mit 750 Beinen hält ein Exemplar eines kalifornischen Tausendfüßers derzeit den Weltrekord.

Insekten

Unter den Gliederfüßern sind die Insekten die artenreichste Gruppe. Bisher sind knapp eine Million Spezies beschrieben. Bei den Insekten ist der Körper in drei Abschnitte – Kopf, Brust und Hinterleib – gegliedert. Außerdem besitzen alle Arten genau drei Beinpaare. Am Kopf befinden sich neben den Mundwerkzeugen die großen Facettenaugen und die Fühler. Fast alle Insekten verfügen zudem über Flügel. Trotz des gemeinsamen Bauplans sehen Insekten in Abhängigkeit von ihrer Lebensweise sehr unterschiedlich aus.

Mit ihren langen Flügeln sind Libellen wahre Luftakrobaten.

Fliegen besitzen wie Mücken nur zwei Flügel.

Die Flügel der Schmetterlinge sind meist auffällig gefärbt.

Trotz ihrer kräftigen Sprungbeine können sich Heuschrecken auch fliegend fortbewegen.

Alle Käfer haben Flügel, aber nicht alle Käfer können fliegen.

Wirbeltiere

Alle Wirbeltiere haben, wie der Name schon sagt, eine Wirbelsäule. Weitere gemeinsame Kennzeichen sind ein im vorderen Körperabschnitt liegendes Gehirn und ein weitgehend geschlossenes Blutgefäßsystem.

Knorpelfische – friedlicher Hai

Das Skelett der Knorpelfische besteht anders als bei den anderen Wirbeltieren aus Knorpel. Bekannte Vertreter der Knorpelfische sind Haie und Rochen. Auch der derzeit größte lebende Fisch ist ein Knorpelfisch: Walhaie können mehr als zwölf Meter lang werden. Gefährlich für uns Menschen sind sie aber nicht, da sie sich ausschließlich von Kleinstlebewesen ernähren.

Der Walhai ist der größte Knorpelfisch – er kann mehr als zwölf Meter lang werden.

Knochenfische – Fisch ist nicht gleich Fisch

Knochenfische können in Abhängigkeit von ihrer Lebensweise sehr unterschiedlich aussehen. Kaum noch als Fische zu erkennen sind die Fetzenfische. Die blattförmigen Auswüchse der Tiere dienen der Tarnung.

Amphibien – Landeroberer

Amphibien sind die ersten Wirbeltiere, die das Land erobert haben. Dennoch sind sie für ihre Fortpflanzung auf Gewässer angewiesen. Zu den Amphibien zählen neben Fröschen auch Schwanzlurche. Seinen Namen verdankt der auffällig gefärbte Feuersalamander der Tatsache, dass Menschen früher glaubten, die Tiere könnten Feuer löschen.

Feuersalamander

Baumfrösche

Reptilien – Junge oder Mädchen?

Als Anpassung an das Landleben haben sich Reptilien eine dicke Haut zugelegt, besitzen aber anders als Vögel und Säugetiere keine Federn oder Haare. Zu den Reptilien zählen Eidechsen, Krokodile, Schlangen und Schildkröten. Die meisten Reptilien legen Eier, die zum Schutz vor Austrocknung von einer mehr oder weniger dicken Schale umgeben sind. Bei Krokodilen bestimmt die Temperatur im Gelege das Geschlecht der Nachkommen. Ist es eher kühl, schlüpfen kleine Krokodilmädchen aus den Eiern. Die Jungs bevorzugen es dagegen wärmer.

Vögel – Nicht- und Vielflieger

Bei den Vögeln ist das vordere Beinpaar zu Flügeln umgewandelt. Ihr Körper ist von Federn bedeckt. Die meisten Vögel können fliegen. Flugunfähige Arten wie Strauße haben diese Fähigkeit im Laufe der Entwicklung wieder verloren. Mauersegler verbringen dagegen fast ihr ganzes Leben in der Luft, wo sie auch jagen und fressen. Forscher glauben, dass die Tiere sogar in der Luft schlafen können, indem abwechselnd eine Gehirnhälfte aktiv ist. Nur während der Brutphase bleiben Mauersegler längere Zeit auf dem Boden.

Der Mauersegler verbringt fast sein ganzes Leben in der Luft.

Der Afrikanische Strauß ist der größte Vogel der Welt. Er wird bis zu 2,5 Meter groß und 135 Kilogramm schwer! Er kann zwar nicht fliegen, aber dafür ziemlich schnell rennen.

Fischotter besitzen mit 50.000 Haaren pro Quadratzentimeter das dichteste Fell. So können sie auch im kühlen Wasser ihre Körpertemperatur weitgehend konstant halten.

Säugetiere

Die Bezeichnung Säugetiere beschreibt die Eigenschaft der Tiere, ihren Nachwuchs mit Milch aufzuziehen, die von den Weibchen produziert wird. Ihre Körperoberfläche ist mehr oder weniger von einem Fell aus Haaren bedeckt. Die Dicke und Beschaffenheit des Fells hängen vom Lebensraum ab: ob sie auf dem Land oder im Wasser leben, ob es warm oder kalt ist.

Säugetiere werden von ihren Müttern mit Milch ernährt.

Lebensraum Wald

Ein Drittel der Fläche Deutschlands ist mit Wäldern bedeckt. Wälder sind das Zuhause vieler Tiere. Der Wald bietet ihnen Schutz und Nahrung, aber auch geeignete Plätze, um ihre Jungen großzuziehen. Ein Wald besteht wie ein Hochhaus aus verschiedenen Stockwerken. Von oben nach unten gibt es die Baum-, Strauch-, Kraut- und Bodenschicht. Jede Schicht hat unterschiedliche Bewohner.

Klopfer im Wald

In der Baumschicht hämmert der Buntspecht im Holz abgestorbener Bäume auf der Suche nach Insekten. Damit er dabei keine Gehirnerschütterung bekommt, fangen nachgiebige Knochengelenke und feste Muskeln als Stoßdämpfer die Schläge ab.

Bewohner mit unterschiedlichen Ansprüchen

Der Fuchs fühlt sich in Wäldern genauso wohl wie in den Parkanlagen von Städten. Hauptsache, es gibt genug zu fressen. Der Luchs ist dagegen wählerischer. Er kommt nur in ausgedehnten Waldgebieten vor.

Großstadt im Wald

Auf Waldlichtungen finden sich die imposanten Hügel der Roten Waldameise. Diese kleinen Insekten leben in Staaten mit einer Königin als Oberhaupt. Sie sorgt durch Eiablage für Nachkommen. Den Rest – Nahrungssuche, Aufzucht der Nachkommen, Reparaturen am Nest – übernehmen die rund 100.000 Arbeiterinnen.

Schlafstätten in luftiger Höhe

Auch Säugetiere findet man in der Baum- und Strauchschicht. Eichhörnchen bauen hier ihre Kobel. Siebenschläfer nutzen Baumhöhlen für ihren langen Winterschlaf, der teilweise mehr als sieben Monate dauert.

Eiertausch

Ein eigenes Nest zu bauen kommt für Kuckucke nicht infrage. Vielmehr schieben sie anderen Vogeleltern ihre Eier unter. Dazu tauschen sie eines der Eier in einem fremden Gelege gegen ihr eigenes aus. Um alles Futter für sich zu sichern, werfen die Jungkuckucke nach dem Schlüpfen die anderen Eier und Küken aus dem Nest.

Farbwechsel

Rehe nutzen die dichten Strauchschichten an den Waldrändern als Versteck. Das im Sommer rötliche Fell wird im Winter durch ein graubraunes ersetzt. So sind die Tiere in den kahlen Wäldern besser getarnt.

Praktisches Werkzeug

Zwei kämpfende Hirschkäfer-Männchen

Die Männchen der Hirschkäfer fallen durch ihre deutlich vergrößerten Oberkiefer auf, die an ein Geweih erinnern. Mit den riesigen Zangen fressen die Tiere aber nicht. Sie dienen als Waffe bei Revierkämpfen und zum Festhalten der Weibchen bei der Paarung.

Huckepack

Die dämmerungsaktiven Erdkröten wohnen gerne in selbst gegrabenen Erdlöchern. Zur Paarungszeit suchen die Tiere Laichgewässer auf, um dort ihre Eier abzulegen. Lernen sich Mama und Papa schon auf der Wanderung kennen, lässt sich das kleinere Männchen vom Weibchen huckepack zum Teich tragen.

Lebensraum Regenwald

Ähnlich wie mitteleuropäische Wälder ist der Regenwald am Amazonas in Etagen aufgebaut. Allerdings enthält der Wald dort ein paar Stockwerke mehr. Durch die dichten Baumkronen dringt nur wenig Licht bis zum Boden. Deshalb wachsen hier relativ wenige Pflanzen. Auch die meisten Tiere leben auf den Bäumen.

Akrobaten

Aras sind für ein Leben in den Baumkronen gut ausgerüstet. Mit ihren Krallen, von denen zwei nach vorne und eine nach hinten zeigen, können sie sich an Zweigen festhalten. Der kräftige Schnabel kann nicht nur Nüsse knacken, sondern eignet sich als Greiforgan auch zum Klettern.

Gefährliches Geschäft

Faultiere verbringen einen Großteil ihres Lebens in den Baumwipfeln. Fressen und Nichtstun sind ihre Hauptbeschäftigungen. Lediglich zum wöchentlichen Toilettengang steigen sie von den Bäumen herunter. Hier sind die langsamen Tiere eine einfache Beute für Raubtiere. Etwa die Hälfte aller Faultiere findet so den Tod.

Panzer mit Schwachstellen

Das auffälligste Merkmal der Gürteltiere ist ihr Panzer aus kleinen Knochenplättchen. Bei Gefahr verkriechen sich die Tiere in Höhlen oder pressen sich auf dem Boden, um ihren weichen Bauch zu schützen. Gegen Räuber wie Jaguare hilft das aber nicht immer.

Pilzzüchter auf sechs Beinen

Blattschneiderameisen leben in unterirdischen Wohnkammern. Sie ernähren sich von Pilzen, die sie selbst züchten. Dazu schleppen sie Unmengen an Blattstückchen herbei, auf denen die Pilze wachsen können.

Hier bin ich!

Brüllaffen machen ihrem Namen alle Ehre. Wenn sie losbrüllen, sind sie kilometerweit zu hören. Im dichten Gewirr der Baumkronen, in denen man nicht weit gucken kann, ist ein lautes Organ hilfreich, um auf sich aufmerksam zu machen.

Gemustert oder schwarz

Die größte Raubkatze des südamerikanischen Regenwaldes ist der Jaguar. Vergleichbar mit den Haarfarben beim Menschen besitzen Jaguare unterschiedliche Fellfarben. Neben gefleckten Tieren gibt es auch Tiere mit schwarzem Fell.

Quietschbunt und giftig

Der Regenwald des Amazonas ist auch die Heimat der Pfeilgiftfrösche. Diese auffällig bunten Tiere produzieren giftige Stoffe, die sowohl Fressfeinde als auch krankmachende Bakterien abhalten. Manche indigenen Volksgruppen verwenden das Gift für ihre Blasrohrpfeile, mit denen sie auf die Jagd gehen.

Tödliche Umarmung

Die Anakonda gehört zu den größten Schlangen der Welt. Hautfunde lassen vermuten, dass die Tiere über neun Meter lang werden können. Als Würgeschlange braucht sie kein Gift, um ihre Beute zu überwältigen, sondern drückt dieser einfach die Luft ab.

Lebensraum Steppe

In manchen Gegenden der Erde regnet es nur wenig, sodass sich kein Wald entwickeln kann. In diesen Gebieten wachsen verschiedene Gräser und Sträucher – Bäume kommen nur vereinzelt vor. In den weiten Graslandschaften Afrikas sind Zebras, Gnus, Giraffen und Elefanten zu Hause.

Streifenmuster

Das auffälligste Merkmal der Zebras, ihr Streifenmuster, stellt Forscher auch heute noch vor ein Rätsel. Dient es der Tarnung vor Raubtieren in der flirrenden Hitze? Laut neuesten Untersuchungen lassen sich auch blutsaugende Insekten durch das Muster verwirren und bedienen sich daher seltener bei den Tieren.

Geparden auf Jagd

Geparden beobachten ihre Beute oft stundenlang, bevor sie zuschlagen. Als schnellste Läufer im Tierreich erreichen sie zwar Spitzengeschwindigkeiten von 100 Stundenkilometern, jedoch geht ihnen recht schnell die Puste aus. Eine Chance haben sie daher nur, wenn sie die Beute schnell zu fassen kriegen.

Tierische Hochhäuser

Überall in der afrikanischen Savanne ragen Termitenhügel aus dem Boden. Die Baumeister dieser bis zu acht Meter hohen Gebilde aus mit Speichel verklebter Erde sind selbst kaum mehr als einen Zentimeter groß. Teilweise leben mehrere Millionen Termiten in einem Hügel. Er schützt die kleinen Insekten sowohl vor Hitze als auch vor Feinden.

Lebensraum Wüste

In der Wüste ist es so trocken, dass nur wenige Pflanzen hier wachsen können. Meist bedecken Sand und Steine den Boden. Die größte Wüste unserer Erde, die Sahara, liegt im Norden Afrikas. Tiere, die hier leben, müssen mit dem ständigen Wassermangel und den starken Temperaturschwankungen zwischen kalten Nächten und heißen Tagen fertigwerden.

Überlebenskünstler

Die zu den Kamelen gehörenden Dromedare sind die typischen Wüstentiere. Sie können tagelang ohne Wasser und Nahrung auskommen. Den Menschen dienen sie schon seit vielen Tausend Jahren als Reit- und Lasttiere. Wild lebende Dromedare gibt es heute in der Sahara nicht mehr.

Kleiderwechsel

Die Dornschwanz-Agame ändert ihre Farbe in Abhängigkeit von der Tageszeit. Morgens wärmt sich ihre dunkel gefärbte Haut in den ersten Sonnenstrahlen auf. Gegen Mittag präsentiert sie sich dagegen in einem orange-gelben Outfit, das die unbarmherzigen Sonnenstrahlen besser reflektieren kann und die Tiere gegen Überhitzung schützt.

Nächtliche Räuber

Sahara-Skorpione brauchen nicht täglich etwas zu fressen. In ihren Verstecken unter Steinen kann ihnen die Hitze nichts anhaben. Auf Beutezug gehen sie nachts, wenn es kühler ist. Mit Bodenfühlern erspüren sie Vibrationen, die durch die ahnungslosen Beutetiere ausgelöst werden.

Lebensraum See

Wie ein Wald besteht ein See aus unterschiedlichen Lebensräumen, die von verschiedenen Tieren besiedelt werden. Dazu zählt auch der mit Schilf bewachsene Uferbereich, der nur zeitweise von Wasser überschwemmt wird. Die Bodenzone ist, wie der Name schon sagt, der Bereich des Bodens. Die Freiwasserzone meint den eigentlichen See.

Sensible Füße

Wasserläufer sind wahre Sprinter und können auf der Wasseroberfläche über einen Meter pro Sekunde zurücklegen. Ihre Beute – ins Wasser gefallene kleine Insekten – erspüren sie mit den Füßen. Dort befinden sich Sinnesorgane, die Vibrationen wahrnehmen können.

Auf dem Rücken der Eltern

Die Ränder der Seen werden von Wasservögeln bevölkert. Dazu zählen neben Enten und Gänsen auch Haubentaucher. Ihre Nester bauen die Vögel im Schilf. Die Jungen können zwar sofort schwimmen, lassen sich aber lieber von den Eltern auf dem Rücken transportieren.

Verborgene Kolosse

In unseren Seen und Flüssen ist der Wels der größte Fisch. Große Exemplare wiegen bis zu 50 Kilogramm, in Einzelfällen sogar das Dreifache. Da sich Welse gerne im Morast auf dem Grund der Gewässer verstecken, bekommen wir sie nur selten zu Gesicht.

Mittendrin

Rotaugen leben in Schwärmen im Freiwasser. Ihren Namen verdanken die Fische dem leuchtend roten Kranz rund um die Pupille.

Lebensraum Meer

Das Meer ist der größte zusammenhängende Lebensraum der Erde. Doch auch hier sind die Lebensbedingungen nicht überall gleich.

Küstenzonen

Miesmuscheln leben in flachen Meeresgewässern in der Nähe der Küste. Aufgrund von Ebbe und Flut sind sie starken Strömungen ausgesetzt. Damit sie nicht davongetragen werden, scheiden sie einen Klebstoff aus, mit dem sie sich am Untergrund festhaften. Der Kleber der Miesmuscheln könnte in Zukunft auch in der Medizin eingesetzt werden, beispielsweise um gebrochene Knochen von Menschen miteinander zu verbinden.

Sanfter Riese

Das Meer ist auch der Lebensraum für das größte Tier, das jemals auf der Erde gelebt hat. Blauwale können bis zu 33 Meter lang werden. Das ist fast drei Mal so lang wie ein normaler Linienbus! Die Kolosse haben aufgrund ihrer Größe einen Riesenappetit und vertilgen bis zu 40 Millionen Kleinkrebse pro Tag. Ihre Verwandten, die Schwertwale oder Orcas, haben es dagegen auf größere Happen abgesehen. Auf ihrem Speiseplan stehen Robben, Seevögel und Fische.

Meeresgrund

Plattfische sind typische Bodenbewohner der Meere. Frisch aus dem Ei geschlüpft, schwimmen die Fischchen zunächst noch aufrecht im Wasser. Bei ausgewachsenen Tieren liegt dagegen die eine Körperseite auf dem Untergrund. Ein Auge ist auf die obere Seite gerutscht, sodass nun beide Augen sehen können, was im Wasser vor sich geht.

Extreme Lebensräume

Überleben in Eis und Schnee

In den Polarregionen herrschen oft Temperaturen weit unter null Grad Celsius. Die Böden und das Meer sind häufig von dicken Eisschichten bedeckt. Trotz dieser extremen Bedingungen haben sich auch hier Tiere angesiedelt.

Fett, Fell und Farbe

Den in der Arktis lebenden Eisbären kann auch die größte Kälte nichts anhaben. Ihre dicke Fettschicht und ihr dichtes Fell sorgen dafür, dass sie nur wenig Wärme an ihre Umgebung abgeben. Unter ihrem weißen Fell ist die Haut schwarz, wodurch die Tiere die Wärme des Sonnenlichts besser aufnehmen können. Wie gut das funktioniert, kannst du selbst ausprobieren, wenn du im Sommer ein schwarzes T-Shirt anziehst.

Fett, Federn und Familie

Auf der anderen Seite der Erde, in der Antarktis, trotzen die Pinguine der Kälte. Auch Pinguine haben eine dicke Fettschicht und zudem ein dichtes Federkleid. Kaiserpinguine besitzen auf jedem Quadratzentimeter Haut zwölf Federn, das ist deutlich mehr als Vögel in gemäßigten Zonen. Die Federn liegen dachziegelartig übereinander und enthalten an den Federkielen zusätzlich wärmenden Flaum. Zudem kuscheln Pinguine gerne. Bei Schneestürmen nehmen sie die Jungtiere in die Mitte und schützen sie so vor den eisigen Winden.

Zwei Kaiserpinguine mit Küken

Lebensraum im Dunkeln

Bei knapp 90 Prozent der Ozeanfläche liegt der Meeresboden mehr als 200 Meter unter dem Meeresspiegel. Da das Sonnenlicht die dicke Wasserschicht nicht durchdringen kann, herrscht in der Tiefsee ewige Dunkelheit. Unter diesen Bedingungen können keine Pflanzen wachsen. Die hier lebenden Tiere ernähren sich daher ausschließlich von anderen Tieren oder von dem Material, das aus den oberen Wasserschichten herabsinkt.

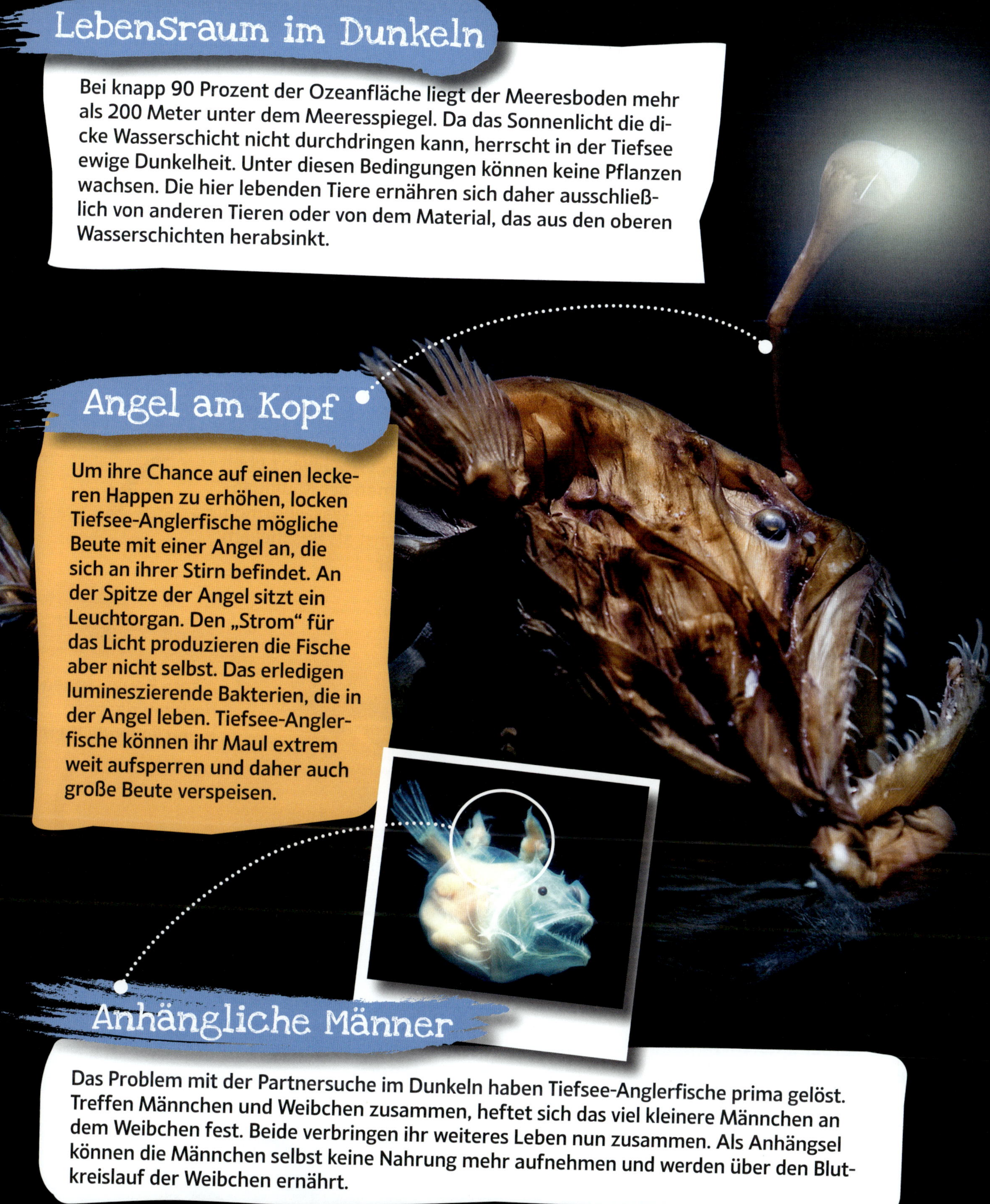

Angel am Kopf

Um ihre Chance auf einen leckeren Happen zu erhöhen, locken Tiefsee-Anglerfische mögliche Beute mit einer Angel an, die sich an ihrer Stirn befindet. An der Spitze der Angel sitzt ein Leuchtorgan. Den „Strom“ für das Licht produzieren die Fische aber nicht selbst. Das erledigen lumineszierende Bakterien, die in der Angel leben. Tiefsee-Anglerfische können ihr Maul extrem weit aufsperren und daher auch große Beute verspeisen.

Anhängliche Männer

Das Problem mit der Partnersuche im Dunkeln haben Tiefsee-Anglerfische prima gelöst. Treffen Männchen und Weibchen zusammen, heftet sich das viel kleinere Männchen an dem Weibchen fest. Beide verbringen ihr weiteres Leben nun zusammen. Als Anhängsel können die Männchen selbst keine Nahrung mehr aufnehmen und werden über den Blutkreislauf der Weibchen ernährt.

Verwandlungen

Bei Säugetieren ähneln die Jungen schon bei der Geburt ihren Eltern. Alle Körperteile der erwachsenen Tiere sind vorhanden, nur eben im Miniformat. Das Gleiche gilt auch für Vögel und Reptilien, wenn sie aus ihren Eiern schlüpfen. Bei vielen Insekten und Amphibien sehen dagegen Jungtiere – Larven genannt – und ausgewachsene Tiere völlig verschieden aus.

Von der Kaulquappe zum Frosch

Grasfrösche legen ihre Laichballen mit den Eiern im Uferbereich von Tümpeln und Seen ab. Ein Laichballen kann mehrere Tausend Eier enthalten.

Wenn es warm genug ist, schlüpfen die ersten Larven – bei Fröschen heißen sie Kaulquappen – schon nach wenigen Tagen. Die jungen Kaulquappen haben anders als ihre Eltern keine Beine und ähneln mit ihrem langen Schwanz eher einem Fisch. Die Kiemen der Kaulquappen, mit denen sie unter Wasser atmen können, ragen zunächst als Büschel am Hinterkopf ins Wasser.

Ältere Kaulquappen besitzen dagegen innen liegende Kiemen.

Am Schwanzansatz beginnen sich die Hinterbeine zu entwickeln.

Später bilden sich die Kiemen ganz zurück. Dafür entwickeln die Tiere Lungen, um auch außerhalb des Wassers atmen zu können.

Auch der Schwanz wird immer kürzer und am Vorderkörper entstehen die Vorderbeine.

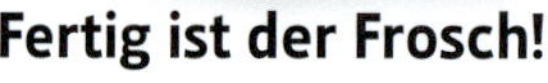

Fertig ist der Frosch!

Von der Raupe zum Schmetterling

Bei Schmetterlingen ist die Verwandlung noch drastischer. Kaum zu glauben, dass aus den länglichen, flugunfähigen Raupen mit den beinartigen Stummeln mal bunte Flattertiere werden! Doch genau das passiert bei der sogenannten Verpuppung.

Bei dem zu den Tagfaltern gehörenden Admiral legen die Weibchen ihre Eier auf Brennnesseln ab.

Die frisch geschlüpften Raupen sitzen damit praktischerweise direkt auf ihrer Nahrung. Wie die Raupen vieler Schmetterlinge ernähren sich auch die Admiralsraupen ausschließlich von Brennnesseln.

Vier Wochen gehen die nimmersatten Raupen ihrer Hauptbeschäftigung nach: dem Fressen.
Da sie rasch wachsen und ihre äußere Hülle nicht mitwachsen kann, häuten sie sich in dieser Zeit mehrfach.

Nach vier Wochen ziehen sich die Raupen in eine Puppenhülle zurück, um sich zu verwandeln.

Nach etwa 14 Tagen ist es dann so weit: Der fertige Falter krabbelt aus der Hülle heraus und entfaltet seine Flügel.

Während die Raupen mit ihren Beißwerkzeugen knabbern können, besitzen die Admiralsfalter einen Saugrüssel, mit dem sie lediglich flüssige Nahrung wie Blütennektar aufnehmen können.

Tierwanderungen

Immer der Sonne nach!

Nicht alle Tiere verbringen ihr ganzes Leben an einem Ort. Viele unserer heimischen Vogelarten beispielsweise zieht es im Herbst nach Südeuropa oder Afrika, weil sie bei uns im Winter nicht ausreichend Nahrung finden. Die längste Strecke zwischen ihren Brutgebieten im Norden und den Überwinterungsgebieten am Rande der Antarktis legen Küstenseeschwalben zurück. Im Extremfall betragen Hin- und Rückweg zusammen 30.000 Kilometer.

Eingebaute Navis

Bei ihren Wanderungen orientieren sich Zugvögel am Stand der Sonne oder an den Sternen, je nachdem, ob sie tagsüber oder nachts unterwegs sind. Zudem besitzen sie einen inneren Kompass, mit dem sie das Magnetfeld der Erde wahrnehmen können.

Winterkuscheln in Mexiko

Auch unter den Schmetterlingen gibt es sogenannte Wanderfalter. Dazu gehören die in den USA lebenden Monarchfalter. Jedes Jahr treffen sich die östlich der Rocky Mountains beheimateten Tiere im Winterquartier in Mexiko, wo sie in dichten Trauben an Bäumen hängen. Im Frühjahr des nächsten Jahres geht es dann wieder in Richtung Norden. Nicht alle Falter erreichen ihre ursprüngliche Heimat wieder. Bevor sie sterben, legen sie Eier ab. Die neue Schmetterlingsgeneration setzt dann die Rückreise der Eltern fort.

Die Schmetterlinge sitzen so nah beieinander, dass man den Baum nicht mehr erkennt.

Quer über den Atlantik

Als Erwachsener lebt der Europäische Aal im Süßwasser. Um sich fortzupflanzen, verlassen die Tiere die Flüsse und Bäche und wandern quer über den Atlantik bis vor die Küsten Floridas. Zur Erhöhung ihrer Reisegeschwindigkeit nutzen die Aale Meeresströmungen. Trotzdem dauert die Wanderung etwa ein Jahr. Während dieser Zeit nehmen Aale keine Nahrung zu sich. Nach dem Ablaichen, das heißt nach der Abgabe der Eier und Spermien, sterben die Tiere. Der Nachwuchs tritt nach dem Schlüpfen den Rückweg an. Die Rückreise dauert noch länger, erst nach drei Jahren erreichen die Jungaale die Küstengewässer Europas. Auf ihrer letzten Etappe schwimmen sie gegen die Strömung die Flüsse hinauf.

Zurück zum Geburtsort

Genau umgekehrt machen es die Atlantischen Lachse. Erwachsene Tiere leben im Ozean. Zur Fortpflanzung wandern sie die Flüsse hinauf. Dabei können sie auch Stromschnellen und kleine Wasserfälle überwinden. Ihr Ziel ist der Bach oder Fluss, in dem sie selbst aus dem Ei geschlüpft sind. Als Wegweiser auf ihrer Reise nutzen Lachse den spezifischen Geruch ihres Geburtsgewässers.

Tierbeziehungen

Wir Menschen leben in Familien zusammen. Oft wohnen in unseren Heimen auch Nutz- oder Haustiere. Im Tierreich ist das nicht anders. Auch hier tun sich Tiere einer Art oder mehrerer Arten zu Lebensgemeinschaften zusammen.

Aufgepasst!

Viele Pflanzenfresser auf dem Land leben in Herden. In Afrika ziehen riesige Gruppen aus Zebras oder Gnus durch die Steppe. Das Leben in der Gemeinschaft bietet Sicherheit. 1000 Augen sehen mehr als zwei! Je eher die Tiere ein sich anschleichendes Raubtier entdecken, desto größer ist die Wahrscheinlichkeit zu entkommen.

Schutz in der Menge

Heringe leben in großen Schwärmen. Innerhalb des Schwarms halten die Tiere einen konstanten Abstand zueinander und schwimmen in die gleiche Richtung. Greift ein Raubfisch an, wirbeln sie wild durcheinander. Forscher glauben, dass die Heringe so den Angreifer irritieren und sich ihre Chance erhöht, mit dem Leben davonzukommen.

Gemeinsame Jagd

Bei Raubtieren kann die Bildung von Gemeinschaften ebenfalls sinnvoll sein. Ein einzelner Wolf kann kaum ein großes Beutetier wie einen Hirsch erlegen. Bei einem Angriff von mehreren Seiten können sich Hirsche mit ihrem Geweih deutlich schlechter verteidigen.

Symbiose und Parasitismus

Bei Gemeinschaften von Lebewesen unterschiedlicher Arten, die für beide Partner vorteilhaft sind, sprechen wir von einer Symbiose. Profitiert nur die eine Seite, handelt es sich um Parasitismus.

Zweckgemeinschaften im Meer

Das Paradebeispiel einer Symbiose zwischen zwei Tierarten ist die Beziehung zwischen Clownfischen und Seeanemonen. Zwischen den giftigen Tentakeln der Seeanemonen sind die farbenfrohen Fischchen gut vor Fressfeinden geschützt. Den Clownfischen macht das Gift nichts aus. Umgekehrt verjagen Clownfische andere Fische, die die Seeanemonen anknabbern wollen.

Verteidigung für Verköstigung

Auch Ameisen und Blattläuse leben in einer Symbiose. Die wehrhaften Ameisen schützen die Blattläuse vor Fressfeinden wie zum Beispiel Marienkäfern. Im Gegenzug lassen sich die Blattläuse von den Ameisen „melken". Bei Berührung mit den Antennen der Ameisen scheiden sie süßen Honigtau aus, den die Ameisen verspeisen.

Blutsauger

Tierläuse sind dagegen Parasiten. Sie leben im Fell oder im Federkleid ihrer Wirte und ernähren sich meist von deren Blut. Einen Vorteil für den Wirt gibt es nicht. Ganz im Gegenteil, manche Tierläuse übertragen zusätzlich noch Krankheitserreger.

Schöner Parasit mit gemeiner Strategie

Die Juwelwespe bringt Schaben durch gezielte Stiche ins Nervensystem dazu, ihr in ihre Bruthöhle zu folgen. Dort legt sie ein Ei in die Schabe. Die geschlüpfte Larve ernährt sich von der Schabe, bis diese schließlich stirbt.

PFLANZEN

Fotosynthese

Markenzeichen grüne Farbe

Das gemeinsame Kennzeichen der Pflanzen ist die Fotosynthese. Diesem Stoffwechselprozess haben sie es zu verdanken, dass sie zum Überleben und zum Wachstum im Wesentlichen nur zwei Dinge brauchen: Kohlenstoffdioxid aus der Luft sowie Wasser, das sie mit den Wurzeln aus der Erde aufnehmen. Unverzichtbar für die Fotosynthese ist der grüne Blattfarbstoff. Mit diesem Farbstoff können die Pflanzen Energie aus dem Sonnenlicht aufnehmen. Diese Energie treibt als Motor die Fotosynthese an.

Lebensnotwendig für Mensch und Tier

Als Endprodukte der Fotosynthese geben die Pflanzen Sauerstoff ab und speichern Kohlenhydrate in ihrem Gewebe ab. Beides brauchen Tiere und auch wir Menschen, um zu überleben. Den Sauerstoff nehmen wir bei der Atmung aus der Luft auf, die Kohlenhydrate, wenn wir pflanzliche Nahrung zu uns nehmen. Unser Körper nutzt Kohlenhydrate als Energielieferant für verschiedene Stoffwechselprozesse. Ohne Kohlenhydrate könnten wir nicht atmen, unsere Nahrung nicht verdauen und uns nicht bewegen.

Alle Regenwälder zusammen produzieren fast die Hälfte des Sauerstoffs, den die Lebewesen auf unserer Erde atmen.

Die Entstehung des Sauerstoffs

Bis vor etwa drei Milliarden Jahren gab es in der Atmosphäre rund um unsere Erde keine großen Mengen Sauerstoff. Das änderte sich mit dem Auftauchen von Blaualgen. Diese winzigen Lebewesen haben praktisch die Fotosynthese erfunden. Für viele der damals schon auf der Erde lebenden Organismen war der Sauerstoff giftig und sie starben. Blaualgen gehören eigentlich zu den Bakterien, weil sie keinen Zellkern besitzen.

An heißen Sommertagen können sich Blaualgen unkontrolliert vermehren und für Badende gefährlich werden, da manche Arten für Menschen giftig sind.

Bunte Algen

In unseren Meeren tummelt sich eine Vielzahl von Lebewesen, die Fotosynthese betreiben können. Diese werden häufig unter dem Begriff Algen zusammengefasst. Neben dem grünen Chlorophyll enthalten viele Algen weitere Farbstoffe. So gibt es neben Grünalgen beispielsweise auch Gold-, Rot- und Braunalgen.

Die Menge macht's!

Viele Algen sind so klein, dass man sie mit dem bloßen Auge nicht erkennen kann. Für das Leben im Meer sind sie jedoch unverzichtbar. Kieselalgen beispielsweise dienen als Nahrung für Krill. Das sind winzige Krebse, die wiederum zur Leibspeise vieler Walarten gehören. Die gewaltigen Buckelwale benötigen mehrere Tonnen Krill am Tag, um satt zu werden.

Dschungel unter Wasser

Andere Algenarten bilden ganze Unterwasserwälder und bieten zahlreichen Lebewesen Nahrung und Schutz vor Räubern. Der zu den Braunalgen gehörende Riesentang wird bis zu 45 Meter lang.

Moose und Farne

Die ersten Pflanzen

Vor knapp 500 Millionen Jahren eroberten die Pflanzen das Land. Zu den ersten grünen Gewächsen gehörten die Moose. Moose sind im Vergleich zu anderen Landpflanzen einfacher aufgebaut. Sie besitzen weder eine wachsartige Hülle, die sie vor dem Austrocknen schützt, noch ein Transportsystem, das Wasser von der Wurzel bis zu den Blattspitzen transportiert. Da sie Wasser über ihre Oberfläche aufnehmen, leben sie meist an feuchten Standorten.

Landschaftsgestalter

Torfmoose

Ohne Torfmoose gäbe es keine Hochmoore. Die unauffälligen Pflänzchen brauchen kaum Nährstoffe und geben saure Substanzen in die Umgebung ab. Dadurch verhindern sie, dass sie von anderen, schneller wachsenden Pflanzen überwuchert werden. Sie selbst wachsen praktisch unendlich weiter, während die unteren Pflanzenteile absterben und den für Moore charakteristischen Torf bilden.

Der Torf wird ausgeschnitten und getrocknet. Er dient vor allem als Düngemittel im Garten und als Brennmaterial.

Im Moor konserviert

In die tiefen Moorschichten dringt keine Luft vor. Deshalb werden Kadaver nicht oder nur langsam zersetzt. Aufgrund der von den Torfmoosen abgegebenen Säure werden zudem Haut und Haare toter Tiere gegerbt und so konserviert. In der Steinzeit dienten Moore häufig auch als Opferstätte oder Grabplatz. Bis heute wurden etwa 1000 menschliche Moorleichen gefunden.

Hoch hinaus

Moose überziehen meist polsterartig den Untergrund. Um in die Höhe wachsen zu können, mussten sich die Pflanzen neue Strategien überlegen: Als Schutz vor Austrocknung entwickelten die Blätter und Stängel eine dünne, wachsartige „Haut“. Daher können diese Pflanzen kein Wasser über ihre Oberfläche aufnehmen, verlieren aber auch weniger Wasser durch Verdunstung. Im Inneren der Pflanze befindet sich ein Transportsystem, das von den Wurzeln aufgenommenes Wasser und Nährstoffe in die oberirdischen Teile leitet. Pflanzen, die ein solches Transportsystem besitzen, nennt man Gefäßpflanzen.

Platz an der Sonne

Pflanzen, die schnell in die Höhe wachsen können, setzen sich leichter gegen andere Pflanzen durch, da sie mehr von dem für die Fotosynthese notwendigen Sonnenlicht ergattern.

Vom Farn zur Kohle

Zu den ersten Gefäßpflanzen zählten Farne. Vor etwa 350 Millionen Jahren bedeckten ganze Wälder aus Farnen die Erde. Die damals in der Atmosphäre herrschenden hohen Kohlenstoffdioxid-Konzentrationen und das feuchte Klima begünstigten das Wachstum. Abgestorbene Pflanzenteile wurden von Sand und Ton überschichtet. So entstand im Laufe der Zeit die Steinkohle, die wir Menschen auch heute noch zum Heizen und zur Stromerzeugung verwenden.

Gefährliche Therapie

Den Wurmfarn gibt es auch heute noch. Seinen Namen verdankt er der Tatsache, dass er früher häufig als Wurmmittel bei erkrankten Menschen eingesetzt wurde. Nicht immer mit guten Ausgang. Bei einer Überdosierung verstarben nicht nur die Würmer, sondern auch die Patienten.

Samenpflanzen und ihr Bauplan

Die meisten der heute auf dem Land vorkommenden Pflanzen gehören zu den Samenpflanzen. Wie der Name sagt, bilden diese Pflanzen Samen, aus denen sich neue kleine Pflanzen entwickeln. Die erfolgreichste Gruppe der Samenpflanzen sind die Blütenpflanzen, bei denen die Samen innerhalb einer Frucht liegen.

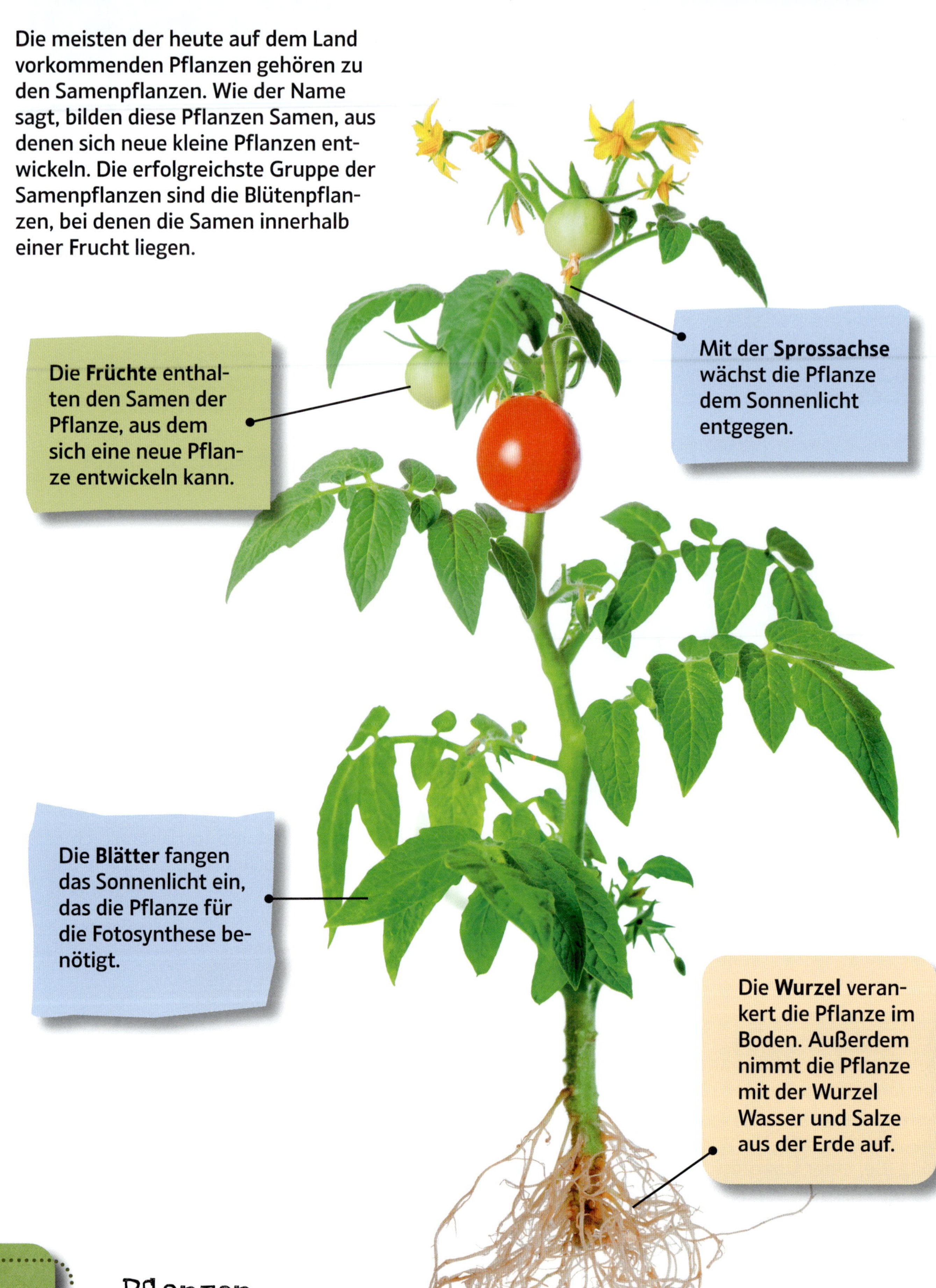

Die **Früchte** enthalten den Samen der Pflanze, aus dem sich eine neue Pflanze entwickeln kann.

Mit der **Sprossachse** wächst die Pflanze dem Sonnenlicht entgegen.

Die **Blätter** fangen das Sonnenlicht ein, das die Pflanze für die Fotosynthese benötigt.

Die **Wurzel** verankert die Pflanze im Boden. Außerdem nimmt die Pflanze mit der Wurzel Wasser und Salze aus der Erde auf.

Wie vermehren sich Pflanzen?

Wie bei uns Menschen muss zur Produktion von Nachkommen ein männliches Spermium – bei den Pflanzen auch Pollen genannt – mit einer weiblichen Eizelle verschmelzen. Diese sogenannte Befruchtung findet bei den Pflanzen in der Blüte statt.

Vor der Befruchtung kommt die Bestäubung

Für die Verschmelzung mit der Eizelle muss der Pollen zunächst auf die Narbe gelangen. Diesen Transport erledigen bei Blütenpflanzen häufig Insekten. Nach dieser Bestäubung wandert der Pollen durch den Griffel bis zur Eizelle, die im Fruchtknoten liegt. Hier verschmelzen Pollen und Eizellen. Der bei dieser Befruchtung entstehende Samen kann sich bei geeigneten Bedingungen zu einer neuen Pflanze entwickeln.

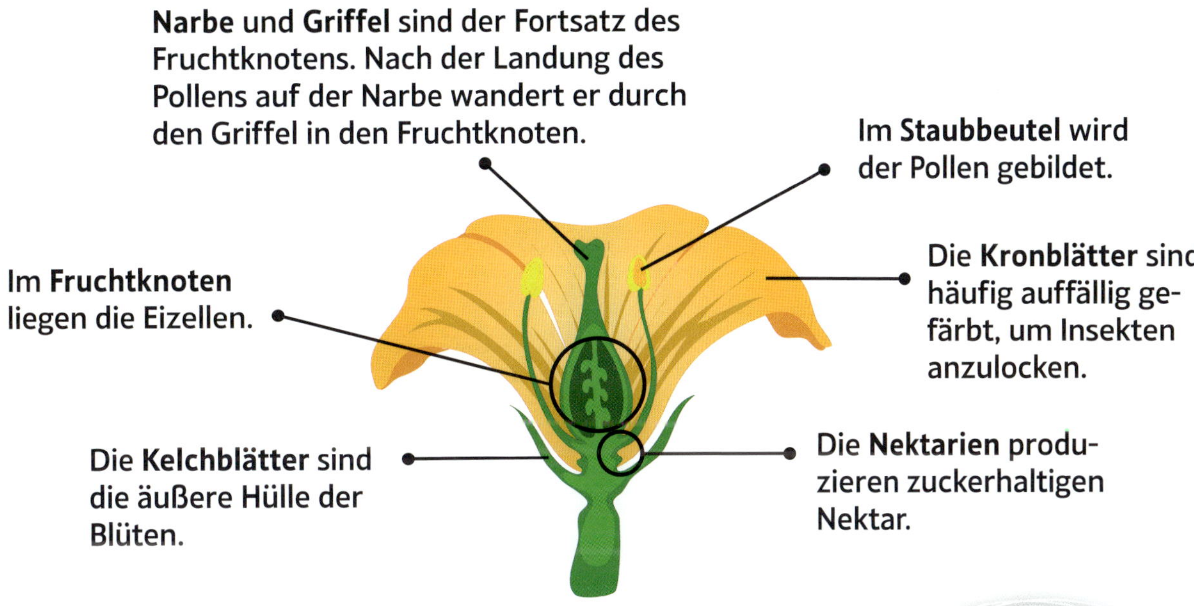

Nektarbar

Damit der Pollenlieferservice zur Eizelle funktioniert, locken viele Pflanzen Insekten mit zuckerhaltigem Nektar an. Beim Versuch, an den Nektar zu gelangen, streifen sie an den Staubfäden entlang, sodass der Pollen hängen bleibt. Beim Besuch der nächsten Blüte gelangt der Pollen dann auf die Narbe.

Verbreitung von Pflanzen

Fallen die reifen Samen oder Früchte auf die Erde, entstehen dort bei geeigneten Bedingungen neue Pflanzen. Würde das immer direkt neben der Mutterpflanze passieren, würde es schnell sehr eng werden. Deshalb nutzen viele Pflanzen Helfer, um sich zu verbreiten.

Pusteblume

Der Löwenzahn verbreitet sich mit dem Wind. Die leichten Samen hängen an kleinen Flugschirmen und können so kilometerweit durch die Lüfte segeln.

Ozeanpassage

Eine Kokosnuss kann dank ihrer dicken, aber doch leichten Schale monatelang in den Ozeanen herumtreiben, ohne dass der Samen Schaden nimmt. Dadurch konnten Kokospalmen weltweit alle tropischen Küsten besiedeln.

Für schlechte Zeiten

Eichhörnchen vergraben jedes Jahr Tausende von Nüssen und Eicheln als Wintervorrat. Da kann schon mal die eine oder andere Nuss in Vergessenheit geraten und im Frühjahr keimen.

Süße Leckereien

Viele Pflanzen produzieren lecker schmeckende Früchte. Verspeisen Tiere diese Früchte und scheiden dann die unverdaulichen Samen wieder aus, wächst aus dem Häufchen schnell eine neue Pflanze.

Hängen geblieben

Klettfrüchte besitzen Häkchen, mit denen sie sich in den Haaren von Tieren verfangen. So entstand übrigens die Idee zum Klettverschluss, der sich häufig an Kinderschuhen befindet: Ein Schweizer Ingenieur entdeckte nach Spaziergängen immer wieder Klettfrüchte im Fell seines Hundes. 1951 meldete er den Klettverschluss zum Patent an.

Neues Leben nach 2000-jährigem Dauerschlaf

2005 pflanzten Forscher die Samen einer Dattelpalme, die sie in einer Wüstenfestung des König Herodes gefunden hatten, in einen Blumentopf. Aus einem der Samen entwickelte sich tatsächlich eine neue Pflanze, die die Forscher Methusalem tauften.

Keimung zur richtigen Zeit

Damit sich aus einem Samen eine neue Pflanze entwickelt, braucht es Wärme, Wasser und Sauerstoff. Manche Pflanzen keimen erst, wenn es nach einer Kälteperiode wieder warm wird. So wird sichergestellt, dass die Pflanzen erst zu Beginn des Frühjahrs anfangen zu wachsen und sie gute Überlebenschancen haben.

Plötzliches Blumenmeer

Gerade bei Pflanzen in Trockengebieten können die Samen Jahrzehnte vor sich hinschlummern, um dann nach einem Regenguss zu keimen. So entsteht in wenigen Tagen aus einer öden Wüste ein buntes Blumenmeer.

Neues Leben nach dem Feuer

Die Riesenmammutbäume an der Westküste der USA sind ausgesprochen widerstandsfähig gegenüber Waldbränden. Dank ihrer dicken Schale kann ihnen ein kleines Feuerchen nichts anhaben. Sie brauchen sogar Feuer, um sich zu vermehren, da sich die Zapfen erst nach einem Waldbrand öffnen und ihre Samen entlassen. Diese haben nun beste Startbedingungen, weil andere Pflanzen, die ihnen den Platz streitig machen könnten, verbrannt sind.

Wiesen – bunte Vielfalt

Bisher wurden bei den Blütenpflanzen mehr als 200.000 Arten beschrieben. Auf einer bunten Sommerwiese können auf kleinem Raum mehrere Dutzend verschiedene Blütenpflanzen wachsen. Neben Arten mit auffällig gefärbten Blüten kommen auch zahlreiche Gräser mit eher unscheinbaren Blüten vor.

Die kleinen gelb-weißen Blüten des **Gänseblümchens** findet man fast auf jeder Wiese. Aufgrund der geringen Wuchshöhe kann es auch auf Rasenflächen überleben, die häufig gemäht werden.

Der **Wiesenklee** ist leicht an seinen zu kugeligen Köpfchen zusammengeschlossenen roten Blüten erkennbar. Seine Laubblätter bestehen meist aus drei Teilblättchen. Kleeblätter mit vier Teilblättchen sind selten und gelten daher als Glückssymbol.

Wie der Name schon verrät, bleibt der **Kriechende Hahnenfuß** nicht gerne an seinem Platz. Seine bodennahen Ausläufer bilden rasch Wurzeln, sodass die Pflanze schnell ganze Flächen besiedelt.

Das **Hirtentäschelkraut** hat nur relativ kleine weiße Blüten, dafür aber hübsche herzförmige Früchte.

Die Blüten des **Leinkrauts** öffnen sich nur, wenn sich eine Hummel auf das untere Blütenblatt setzt. Der Nektar liegt in dem nach unten zeigenden Sporn der Blüte. Gut, dass Hummeln einen langen Rüssel besitzen.

Gefährlich sieht das **Wiesenlieschgras** eigentlich nicht aus. Doch viele Menschen reagieren mit Heuschnupfen auf seine Pollen.

Die **Ackerwitwenblume** ist nicht nur ein wichtiger Nektarlieferant für Insekten. Auch Schmetterlingsraupen ernähren sich von der lila Schönheit.

Der **Klatschmohn** blüht nur wenige Tage. Die papierdünnen Blütenblätter sind knallrot gefärbt.

Das **Habichtskraut** sieht fast so aus wie Löwenzahn, den du sicher kennst. Beide Pflanzen gehören auch zur gleichen Familie. Die am Ende ausgefransten Blütenblätter erinnern an einen fliegenden Habicht.

Bei **Gräsern** muss man oft genau hinschauen, um die Blüten zu erkennen. Dafür haben es die Früchte in sich. Viele unserer wichtigsten Nahrungspflanzen sind Gräser. Dazu gehören beispielsweise Weizen, Gerste und Reis. Auch der Mais, der über zwei Meter hoch werden kann, ist ein Gras.

Dem **Englischen Raygras** macht es nichts aus, wenn auf ihm herumgetrampelt wird. Deshalb sind die Samen dieses Grases in vielen Rasenmischungen enthalten.

Bäume und Sträucher

Pflanzen brauchen Sonnenlicht zum Überleben. Wer am weitesten nach oben wächst, bekommt das meiste Sonnenlicht ab. Doch gleichzeitig knicken lange Stängel bei Wind leicht um. Bäume und Sträucher haben eine Lösung dafür gefunden: Sie lagern einen speziellen Stoff in die Zellwände der Sprossachse und der Zweige ein, wodurch der Stamm und die Äste stabilisiert werden. Wir Menschen nennen das Verholzen.

Begrenztes Wachstum

Bäume können nicht in den Himmel wachsen. Das von den Pflanzen mit den Wurzeln aufgenommene Wasser muss in langen Kanälen durch den Stamm gegen die Schwerkraft nach oben transportiert werden. Der Motor dafür ist die Verdunstung des Wassers in den Blättern. Dadurch entsteht ein Sog, wie wenn du mit einem Strohhalm aus einem Wasserglas trinkst. Wenn die Transportwege zu lang werden, reißen die Wassersäulen. Dann können die oberen Teile der Bäume nicht mehr mit dem überlebenswichtigen Wasser versorgt werden.

Immergrüne Nadelbäume

Nadelbäume kommen auch in kalten Klimazonen vor. Ihre Nadeln werfen sie selbst bei klirrender Kälte nicht ab. Über die geringe Oberfläche der Nadeln verdunstet nur wenig Wasser. Um die Wasserverluste noch weiter zu reduzieren, tragen die Nadeln auf ihrer Oberfläche eine dicke Wachsschicht.

Weg mit den Blättern

Wenn bei uns im Herbst die Temperaturen sinken, werfen Laubbäume wie Buchen, Eichen und Linden ihre Blätter ab. Der Grund dafür ist, dass die Bäume so mit weniger Wasser auskommen, weil weniger davon verdunstet. Das ist schlau, weil im Winter der Wassernachschub aus dem Boden bei Frosttemperaturen begrenzt ist.

Herbst

Sommer

Winter

Bäume in der Wüste

Auch in der Wüste ist Wasser knapp. Bäume sind daher eine Seltenheit. Manche schaffen es dennoch, hier zu überleben. Die Wurzeln der Akazien bohren sich bis zu 40 Meter tief in die Erde, um an das kostbare Nass zu kommen.

Jahresringe

Bäume können sehr alt werden. Der bisherige Weltrekordhalter ist eine Kiefer in den Vereinigten Staaten, die 1964 gefällt wurde. Anhand der Jahresringe konnten Forscher feststellen, dass der Baum fast 4900 Jahre alt war!

Die Zahl der Jahresringe gibt Auskunft über das Alter eines Baumes. Ein Ring steht für ein Jahr.

Pflanzen als Überlebenskünstler

Es gibt Orte, die keine guten Bedingungen für das Wachstum von Pflanzen bieten. Trotzdem haben es viele Pflanzenarten geschafft, eine Methode zum Überleben zu finden.

Dachgeschosswohnung

Auf dem Boden von tropischen Wäldern ist Licht Mangelware. Einige Pflanzen wachsen daher direkt oben in den Bäumen. In luftiger Höhe ist aber wiederum die Wasserversorgung ein Problem. Die Bromelie löst das so: Ihre Blätter stehen sehr eng zusammen, sodass sich in den Rosetten das Regenwasser sammelt. Die kleinen Tümpel helfen nicht nur der Pflanze zu überleben, sondern sind auch die Kinderstube für manche Froscharten.

Bäume auf Stelzen?

Auch das gibt es in den flachen Gewässern mancher tropischen Küsten. Um sich in dem schlickigen Untergrund festzuhalten, bilden die Mangroven ein Geflecht aus Stelzwurzeln, das über die Wasseroberfläche ragt. Ein weiteres Problem für die Pflanzen ist das Salzwasser. Filtermechanismen und Salzausscheidungsorgane verhindern, dass der Salzgehalt in den Pflanzen zu hoch wird.

Partnerschaften fürs Leben

Manche Standorte sind so speziell, dass Pflanzen alleine sie nicht besiedeln können. Hier hilft nur ein Partner. Bei den Flechten haben sich Algen und Pilze zusammengetan. Gemeinsam können sie sogar auf nacktem Fels oder auf Mauern existieren. Bei den Flechten herrscht Arbeitsteilung: Die Algen versorgen sich selbst und den Pilz über die Fotosynthese mit Nährstoffen, der Pilz speichert Wasser und ist für die Salzaufnahme verantwortlich.

Wie Pflanzen sich wehren

Pflanzen können anders als Tiere nicht fliehen, wenn sich Fressfeinde nähern. Daher haben viele Arten Strategien entwickelt, um den hungrigen Vier- und Sechsbeinern den Appetit zu verderben.

Autsch! Das brennt!

Hast du schon mal eine Brennnessel angefasst? Brennnesseln tragen auf ihrer Oberfläche Brennhaare, die schon bei einer leichten Berührung abbrechen. Die Haare bohren sich mit ihrer spitzen Bruchkante in die Haut und geben eine Flüssigkeit ab, die die schmerzhaften Quaddeln verursacht.

Autsch! Das pikt!

Die in trockenen Gebieten Amerikas vorkommenden Kakteen nutzen Dornen als Abwehr vor Fressfeinden. Hier ist ein effektiver Schutz besonders wichtig, da die Tiere in der Wüste kaum Nahrung finden und hartnäckig sind, wenn ein Leckerbissen vor ihnen steht.

Bitter oder giftig

Viele Pflanzen setzen auf eine chemische Keule. Beispielsweise lassen Kühe manche Ampferarten stehen, weil sie bitter schmecken. Andere Arten gehen sogar noch weiter und produzieren Gifte, damit die Tiere einen großen Bogen um sie machen.

Essbar oder nicht?

Als im 16. Jahrhundert die ursprünglich aus Südamerika stammende Kartoffel die europäischen Kochtöpfe eroberte, wussten die Menschen zunächst nicht, dass die oberirdischen Teile der Pflanze giftig sind. Wer Glück hatte, kam mit Bauchschmerzen davon, aber auch Todesfälle soll es gegeben haben.

Fleischfressende Pflanzen

Nicht nur Tiere fressen Pflanzen, sondern auch umgekehrt. An manchen Standorten bietet der Boden kaum Nährstoffe, sodass Pflanzen nur langsam wachsen können. Daher haben einige ihren „Speiseplan“ erweitert. Sie haben ihre Blätter zu Fallen umgebaut und erbeuten kleine Tiere. Die allermeisten fleischfressenden Pflanzen begnügen sich mit Insekten und kleinen Spinnentieren. Einige können aber auch Fröschen und kleinen Säugetieren gefährlich werden.

Auf den Leim gegangen!

Der in unseren Mooren heimische Sonnentau lockt Fliegen und andere Insekten mit einem duftenden Sekret an, das von den Tentakeln der Fangblätter ausgeschieden wird. Das Sekret riecht nicht nur gut, sondern ist auch klebrig, sodass die Tierchen nicht wieder davonfliegen können.

Klappe zu – Fliege tot

Die Venusfliegenfalle aus Nordamerika verlässt sich auf eine andere Fangtechnik. Verirrt sich ein Insekt zwischen die beiden Blatthälften eines ihrer Fangblätter und berührt dort die Fühlhaare, klappt die Falle zu. In dem Hohlraum wird die Beute dann verdaut. Die Pflanze reagiert aber nur, wenn die Fühlhaare kurz hintereinander mehrfach aktiviert werden. So wird verhindert, dass sich die Falle schon beim leisesten Luftzug schließt.

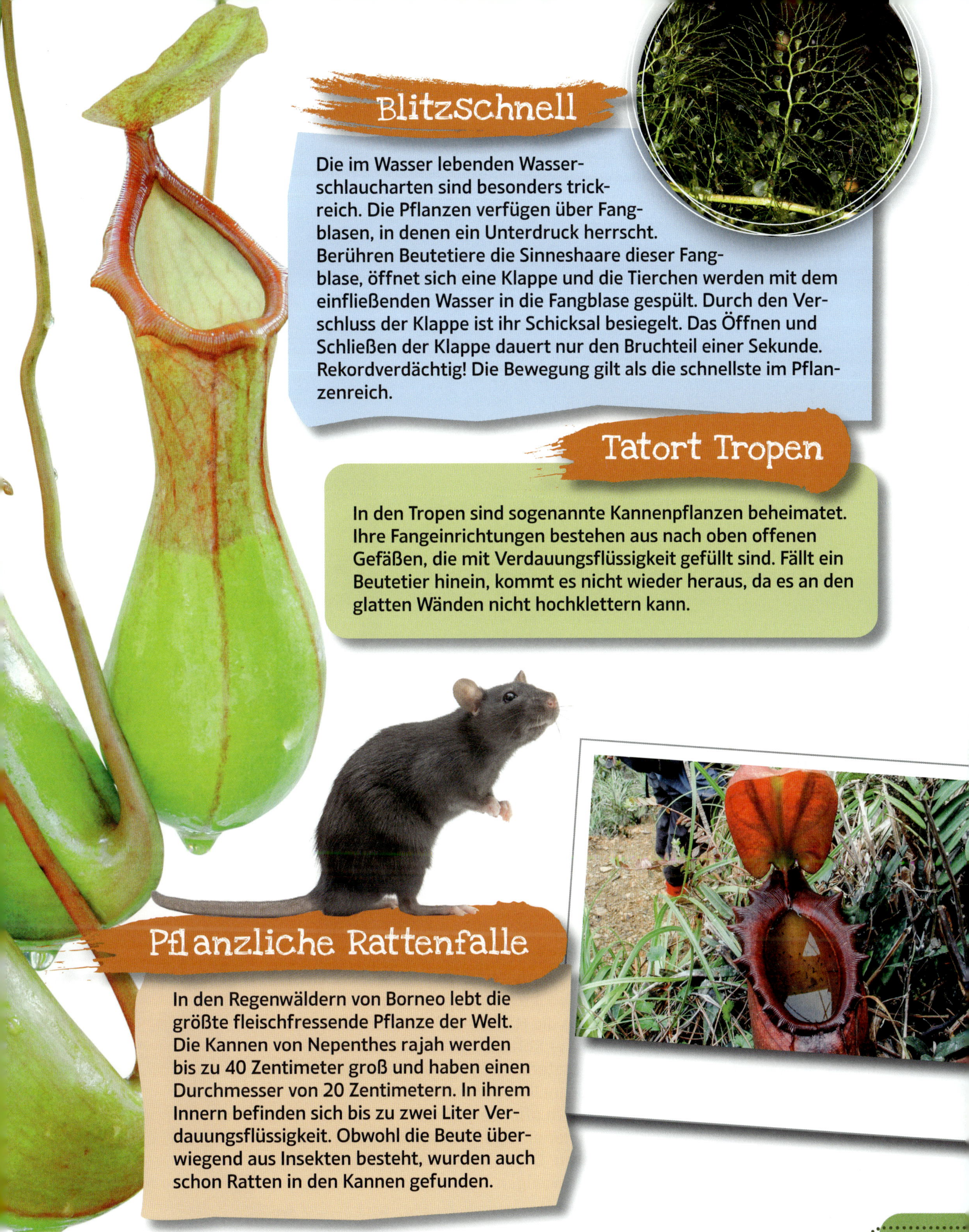

Blitzschnell

Die im Wasser lebenden Wasserschlaucharten sind besonders trickreich. Die Pflanzen verfügen über Fangblasen, in denen ein Unterdruck herrscht. Berühren Beutetiere die Sinneshaare dieser Fangblase, öffnet sich eine Klappe und die Tierchen werden mit dem einfließenden Wasser in die Fangblase gespült. Durch den Verschluss der Klappe ist ihr Schicksal besiegelt. Das Öffnen und Schließen der Klappe dauert nur den Bruchteil einer Sekunde. Rekordverdächtig! Die Bewegung gilt als die schnellste im Pflanzenreich.

Tatort Tropen

In den Tropen sind sogenannte Kannenpflanzen beheimatet. Ihre Fangeinrichtungen bestehen aus nach oben offenen Gefäßen, die mit Verdauungsflüssigkeit gefüllt sind. Fällt ein Beutetier hinein, kommt es nicht wieder heraus, da es an den glatten Wänden nicht hochklettern kann.

Pflanzliche Rattenfalle

In den Regenwäldern von Borneo lebt die größte fleischfressende Pflanze der Welt. Die Kannen von Nepenthes rajah werden bis zu 40 Zentimeter groß und haben einen Durchmesser von 20 Zentimetern. In ihrem Innern befinden sich bis zu zwei Liter Verdauungsflüssigkeit. Obwohl die Beute überwiegend aus Insekten besteht, wurden auch schon Ratten in den Kannen gefunden.

Nutzpflanzen

Wie du erfahren hast, können Tiere und Menschen ohne Pflanzen nicht überleben. Doch Menschen nutzen Pflanzen nicht nur als Nahrungsmittel, sondern auch als Baustoff, als Genussmittel, Farbstofflieferant und vieles mehr.

Alle müssen satt werden

Zu den weltweit wichtigsten Nahrungspflanzen gehören Zuckerrohr, Mais, Weizen und Reis. Doch wir Menschen bauen nicht nur Pflanzen an, um uns selbst satt zu bekommen. Auf riesigen Feldern wachsen Futterpflanzen für Rinder und Schweine, die bei uns als Steak oder Schnitzel auf dem Teller landen. Derzeit nutzen wir mehr als 35 Prozent der Landfläche auf unserem Globus für die Landwirtschaft. Für viele Tier- und Pflanzenarten bleibt daher immer weniger Platz zum Überleben.

Ein riesiges Feld mit Zuckerrohr

Holz, Holz, Holz

Schon seit der Steinzeit nutzen Menschen Holz als Brenn- und Baumaterial. Aktuell verbrauchen wir jährlich etwa 3,5 Milliarden Kubikmeter Holz, davon mehr als die Hälfte als Brennmaterial. Als nachwachsender Rohstoff gilt Holz als umweltfreundliches Material. Häufig kann aber der Wald gar nicht so schnell nachwachsen, wie wir ihn abholzen. Zudem pflanzen wir gerne in einem Gebiet Bäume einer einzigen Art an, die besonders schnell wachsen. Die so entstehenden Monokulturen bieten nur wenigen Tieren einen Lebensraum.

Exklusiv oder eklig?

Ein Kaffee gehört für viele Erwachsene zum Frühstück dazu. Bei den Kaffeebohnen handelt es sich um den Samen der Kaffeepflanze. Als teuerster Kaffee der Welt gilt der Kopi Luwak. Bei dieser Kaffeesorte werden die Früchte der Kaffeepflanze zunächst von Schleichkatzen gefressen. Die wieder ausgeschiedenen, angedauten Früchte mit dem Samen werden dann gesammelt und geröstet.

Ob exklusiv oder eklig – in jedem Fall ist die Haltung von Schleichkatzen zur Produktion von Kaffee Tierquälerei.

Bäume melken?

Seit Mitte des 19. Jahrhunderts stellen Menschen aus dem Kautschukbaum Gummi her. Dazu wird die Rinde der Bäume angeritzt und der austretende Milchsaft in kleinen Schalen aufgefangen. Inzwischen gibt es auch künstlich aus Erdöl hergestelltes Gummi. Dennoch werden überall auf der Welt immer noch Bäume „gemolken“. Gummi ist vielseitig einsetzbar. Das Material findet sich beispielsweise in Autoreifen, Gummistiefeln und Radiergummis.

Das teuerste Gewürz der Welt

Vielleicht hast du im Urlaub in Spanien schon mal eine Paella gegessen. Das goldgelbe Reisgericht verdankt dem Safran seine Farbe. Das Gewürz wird aus den orangefarbenen Narben im Inneren von Blüten einer bestimmten Krokusart gewonnen. Pro Kilogramm Gewürz braucht es circa 150.000 Blütennarben. Für die Safranernte ist viel Fingerspitzengefühl erforderlich, Maschinen können nicht eingesetzt werden.

Heilpflanzen und Drogen

Schon früh haben Menschen herausgefunden, dass bestimmte Pflanzen helfen können, Krankheiten zu heilen. Auch heute noch nutzen wir Pflanzenbestandteile in Form von Tees, Badezusätzen oder Cremes bei Erkältungen, Hauterkrankungen oder Schmerzen. Viele moderne Medikamente enthalten ursprünglich aus Pflanzen stammende Inhaltsstoffe.

Baumrinde gegen Schmerzen

Die schmerzstillende und fiebersenkende Wirkung von Weidenrinde war bereits im antiken Griechenland bekannt. Im 19. Jahrhundert gelang es, die wirksame Substanz aus den Pflanzen zu isolieren. Den inzwischen chemisch hergestellten Wirkstoff kennen wir alle als das Schmerzmittel Aspirin.

Eine Frage der Dosis

Der auch bei uns beheimatete Fingerhut ist hochgiftig. Schon der Verzehr weniger Blätter kann beim Menschen zum Tode führen. In geringen Mengen werden seine Inhaltsstoffe aber bei Herzerkrankungen eingesetzt.

Kampf dem Krebs

Äußerlich sieht die Pazifische Eibe eher unscheinbar aus. Doch die Pflanze hat es in sich: Aus ihrer Rinde lässt sich ein Stoff isolieren, der Krebszellen daran hindert, sich unkontrolliert zu vermehren. Heute gehört dieser Stoff zu den wichtigsten Medikamenten zur Bekämpfung verschiedener Krebsformen.

Affen mit Medizinkenntnissen

Nicht nur Menschen nutzen Pflanzen als Medizin! Orang-Utans und Schimpansen wissen offenbar genau, welche Pflanzen ihnen bei Durchfall helfen. Zudem verzehren sie zwischendurch immer wieder stachelige Blätter, die sie kaum verdauen können. Forscher haben herausgefunden, dass Wurmparasiten an den Stacheln hängenbleiben und mit den Überresten ausgeschieden werden.

Drogen

Auch Pflanzen mit Inhaltsstoffen, die Abläufe in unserem Gehirn beeinflussen, lassen sich medizinisch nutzen – beispielsweise zur Schmerzlinderung oder als Beruhigungsmittel. Verwenden Menschen die Inhaltsstoffe solcher Pflanzen, um sich zu berauschen, können sie von diesen Drogen abhängig werden.

Die Blätter der weiblichen Hanfpflanze werden sowohl als Medizin wie auch als Rauschgift verwendet.

Gefährliche Schönheit

Inhaltsstoffe des mit unserem heimischen Klatschmohn verwandten Schlafmohns werden auch heute noch als starke Schmerzmittel bei Krebserkrankungen eingesetzt. Aufgrund ihrer einschläfernden Wirkung wurde das in der Pflanze enthaltene Opium früher zudem als Narkosemittel bei Operationen verwendet. Mithilfe der Chemie lässt sich aus diesen Inhaltsstoffen aber auch Heroin herstellen. Der Konsum dieser extrem gefährlichen Droge fordert jedes Jahr viele Menschenleben.

Tabakpflanzen

Das in den Tabakpflanzen enthaltene Nikotin beeinflusst das Gehirn und löst angenehme Gefühle aus. Deshalb fällt es vielen Menschen schwer, mit dem Rauchen aufzuhören, obwohl sie wissen, dass Rauchen ihrer Gesundheit schadet.

MENSCHLICHER KÖRPER

Körperbau des Menschen

Menschen unterscheiden sich von anderen Säugetieren durch ihren aufrechten Gang, ihr großes Gehirn und die relativ spärliche Körperbehaarung. Dass Menschen in verschiedenen Gegenden der Erde anders aussehen, ist die Folge unterschiedlicher Klima- und Ernährungsbedingungen. Menschen beispielsweise, die in Gebieten mit einer starken Sonneneinstrahlung leben, besitzen eine dunkle Hautfarbe.

Fortbewegung auf zwei Beinen

Auch Menschenaffen bewegen sich teilweise auf zwei Beinen, doch immer nur für eine kurze Zeit. Wir dagegen stehen, wenn wir über das Krabbelalter hinaus sind, sicher auf unseren Hinterbeinen. Ein Nebeneffekt des aufrechten Gangs ist, dass wir ständig unsere Hände frei haben, was den Gebrauch von Werkzeugen erleichtert.

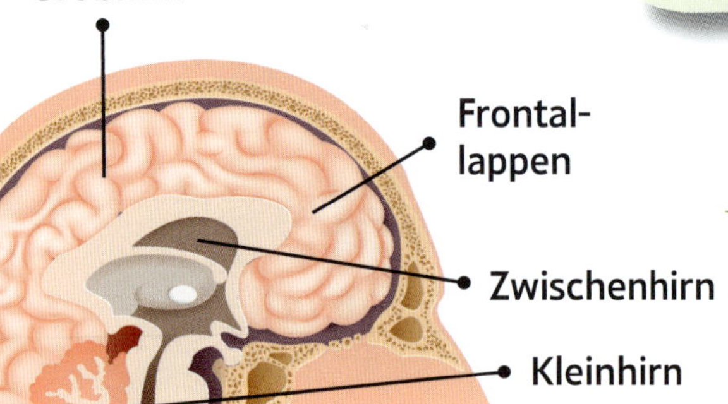

Schaltzentrale Gehirn

Menschen besitzen im Verhältnis zu ihrer Körpergröße ein großes Gehirn. Besonders stark ausgebildet sind die Frontallappen des Großhirns. Dieser Bereich ist für unsere Bewegungen zuständig, aber auch für die Planung, das logische Denken, für die Kontrolle von Gefühlen und für das Verhalten.

Kein Fell mehr

Die Körperbehaarung dient bei Tieren dem Schutz vor Kälte. Forscher glauben, dass mit der Erfindung des Feuers und der Kleidung Haare für unsere Vorfahren immer unwichtiger wurden, sodass sie nach und nach ihren Pelz verloren haben. Als positiver Nebeneffekt hatten auch im Fell lebende Parasiten weniger Chancen zu überleben.

So könnten Vorfahren des modernen Menschen ausgesehen haben.

Rechts und links

Menschen lassen sich durch eine senkrechte Linie äußerlich in zwei weitgehend identische Hälften teilen. Jede Seite besitzt ein Bein, einen Arm, ein Auge und ein Ohr. Mund und Nase liegen genau auf der Mittellinie. Im Innern des Körpers kommen dagegen nur die Lungen und die Nieren doppelt vor.

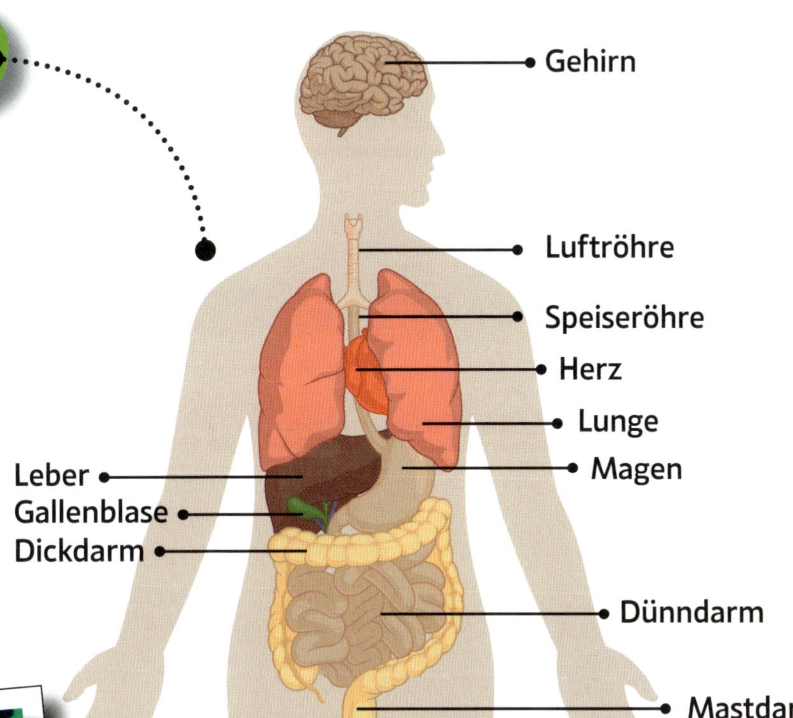

Rechts- oder Linkshänder?

Obwohl unsere beiden Hände gleich aufgebaut sind, nutzen viele Menschen die rechte Hand deutlich häufiger. Nur jeder zehnte Mensch in Deutschland bevorzugt die linke Hand. Bis heute kennt man nicht die genauen Ursachen für die Bevorzugung der rechten Seite. Sowohl die Erbanlagen als auch die Erziehung scheinen eine Rolle zu spielen.

Immer größer?

Heute lebende Menschen sind im Durchschnitt deutlich größer als ihre Vorfahren. Forscher führen das auf eine bessere Ernährung zurück. Die Größenzunahme ist allerdings begrenzt. Die meisten Menschen werden in Zukunft laut Prognosen der Wissenschaftler nicht länger als zwei Meter werden. Als Zweibeiner fehlt uns die nötige Stabilität, um weiter nach oben zu wachsen. Zudem würde das Herz-Kreislauf-System überlastet.

Haut – das Tor zur Umwelt

Mit zwei Quadratmetern Fläche ist die Haut das größte Organ des Menschen. Als Grenzschicht zur Umgebung schützt sie den Körper vor Umwelteinflüssen und Krankheitserregern. Gleichzeitig nimmt sie Reize aus der Umgebung wahr, sodass sie auf äußere Situationen reagieren kann.

Schicht um Schicht

Unsere Haut ist in Schichten aufgebaut: Von der außen liegenden Oberhaut lösen sich ständig verhornte Hautschuppen ab. Nachschub kommt von den darunterliegenden Keimzellen. Bei starker Sonneneinstrahlung werden in den Zellen der Oberhaut Farbstoffe gebildet, die die Haut dunkel färben. In der sich anschließenden Lederhaut liegen neben den Haarwurzeln und Schweißdrüsen Sensoren für Temperatur, Schmerz und Berührung. Die Unterhaut enthält zahlreiche Fettzellen und dient der Wärmeisolation.

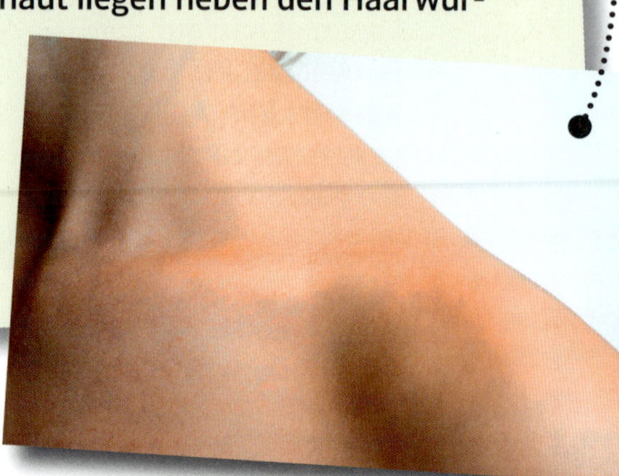

Die über die **Schweißdrüsen** abgegebene Flüssigkeit ist geruchlos. Erst durch die Bakterien auf unserer Haut entsteht der Schweißgeruch. Schweiß dient der Kühlung des Körpers.

Mit den **Thermosensoren** können wir die Umgebungstemperatur einordnen. Sie lösen Schmerzreize aus, wenn wir etwas sehr Heißes anfassen.

Schmerzsensoren warnen uns vor Verletzungen.

Berührungssensoren helfen uns, uns zu orientieren. Sie reagieren auf mechanische Reize wie Druck und Vibrationen. Besonders viele dieser Sensoren befinden sich in der Haut unserer Handflächen und Fußsohlen.

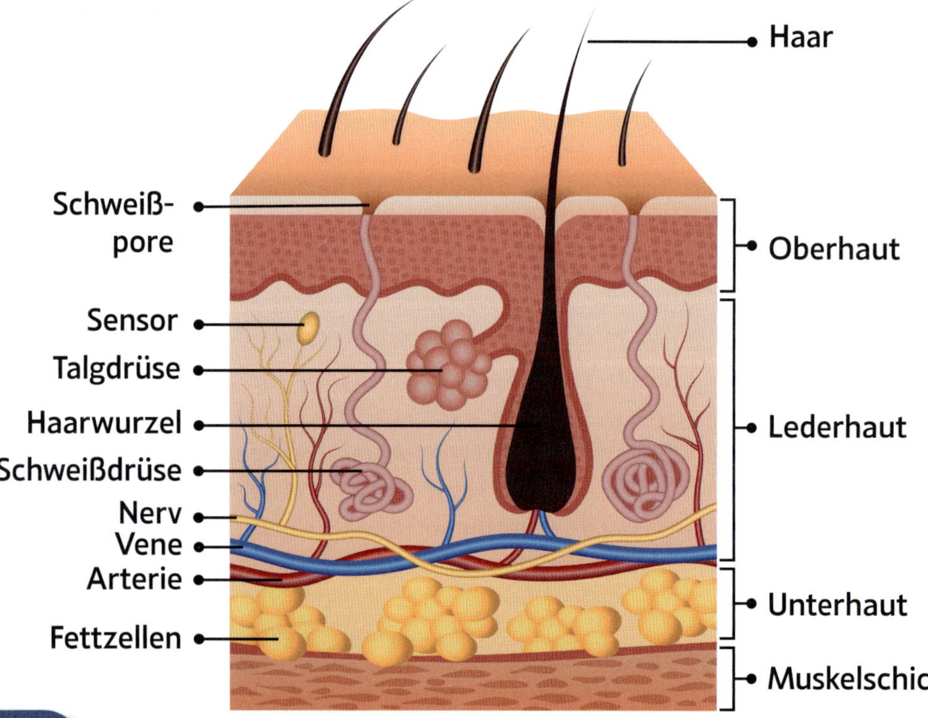

Schleimhäute

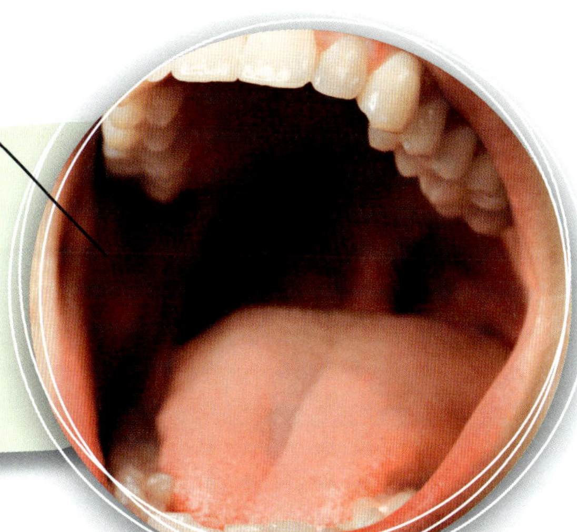

Auch im Innern unseres Körpers sind Hohlräume wie der Mund durch Schleimhäute ausgekleidet, die Sekrete absondern. Diese Schleimhäute zeigen anders als die äußere Haut keine Verhornung und besitzen keine Haare. Auch Schleimhäute schützen den Körper vor dem Eindringen von Krankheitserregern.

Warum bekommen wir Gänsehaut?

Bei Kälte oder starken Gefühlen richten sich die Haare an unseren Armen auf. Wir bekommen eine Gänsehaut. Ursprünglich diente dieses Aufrichten der Haare der Wärmeisolierung, da bei einem gesträubten Pelz zwischen den einzelnen Haaren mehr Luft als Isolierschicht verbleibt. Wirklich Sinn hat dieser Reflex bei uns weitgehend haarlosen Menschen heute nicht mehr.

Haare: Lang, länger, am längsten

Körperhaare und Kopfhaare zeigen beim Menschen ein unterschiedliches Wachstumsverhalten. Während Beinhaare nur einige Monate und Wimpern sogar nur ein paar Wochen wachsen, werden Kopfhaare jahrelang immer länger, bevor sie ausfallen.

Nägel: Schutz und Werkzeug

Die Nägel an den Fingern und Zehen werden in der Oberhaut gebildet. Sie schützen die sensiblen Kuppen und lassen sich als Zupfwerkzeug verwenden. Nägel wachsen etwa drei Millimeter im Monat.

Das Nervensystem

Das Nervensystem in unserem Körper ist für die Verarbeitung von Reizen verantwortlich und sorgt dafür, dass wir in entsprechenden Situationen richtig reagieren. Ein Beispiel: Beim Fußballspielen sehen wir mit unseren Augen den Ball. Diese Information wird von den Nervenbahnen zum Gehirn geleitet. Das Gehirn sendet nun ein Signal an unsere Muskeln: Losrennen und Tor schießen!

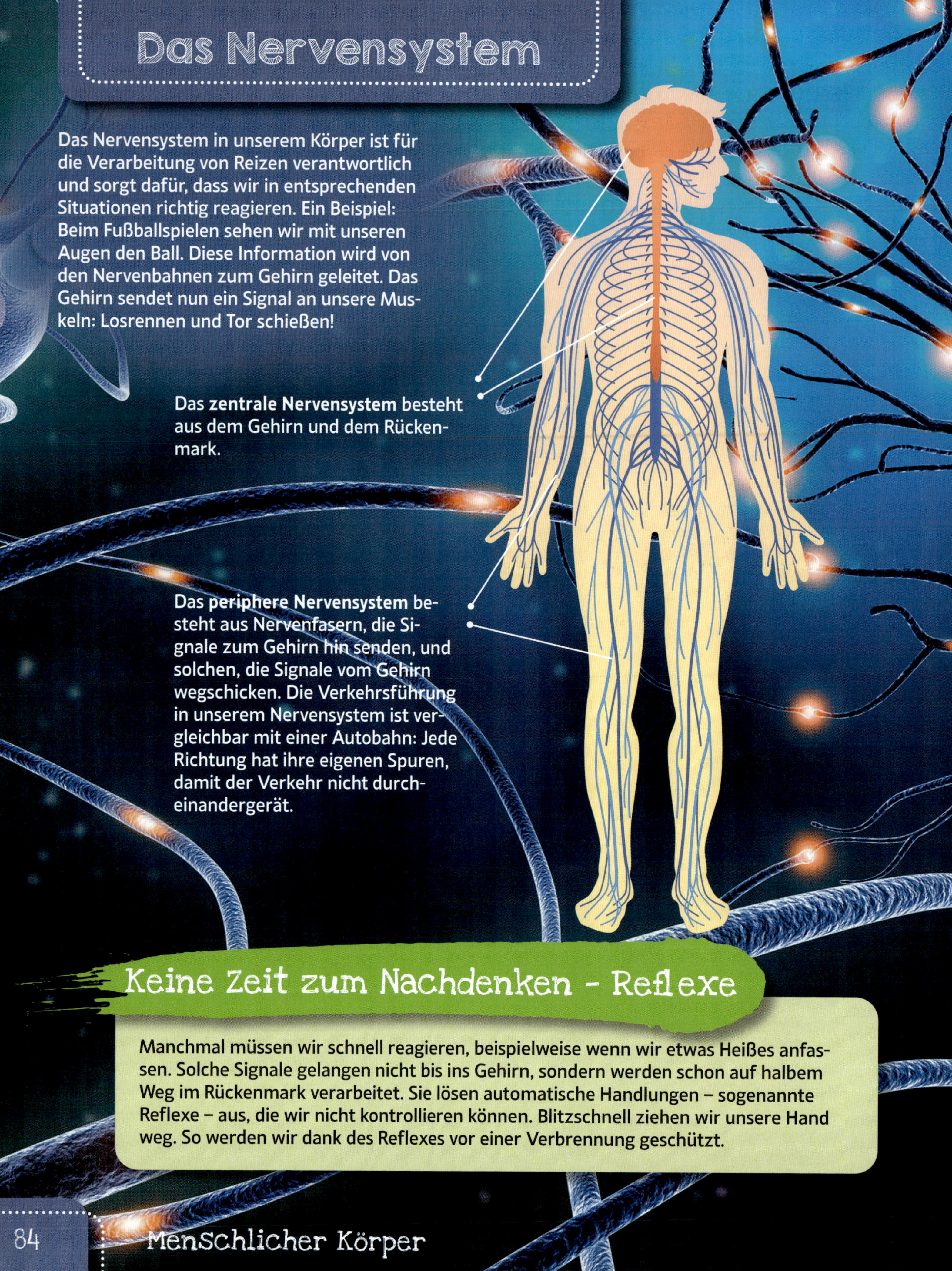

Das **zentrale Nervensystem** besteht aus dem Gehirn und dem Rückenmark.

Das **periphere Nervensystem** besteht aus Nervenfasern, die Signale zum Gehirn hin senden, und solchen, die Signale vom Gehirn wegschicken. Die Verkehrsführung in unserem Nervensystem ist vergleichbar mit einer Autobahn: Jede Richtung hat ihre eigenen Spuren, damit der Verkehr nicht durcheinandergerät.

Keine Zeit zum Nachdenken – Reflexe

Manchmal müssen wir schnell reagieren, beispielweise wenn wir etwas Heißes anfassen. Solche Signale gelangen nicht bis ins Gehirn, sondern werden schon auf halbem Weg im Rückenmark verarbeitet. Sie lösen automatische Handlungen – sogenannte Reflexe – aus, die wir nicht kontrollieren können. Blitzschnell ziehen wir unsere Hand weg. So werden wir dank des Reflexes vor einer Verbrennung geschützt.

Gedächtnis

Zusätzlich ist unser Gehirn ein riesiger Informationsspeicher. Wir erinnern uns an Menschen, die wir schon einmal gesehen haben, und daran, worüber wir mit ihnen gesprochen haben. Zumindest dann, wenn wir die Begegnung oder das Gespräch interessant fanden. Bis heute wissen Forscher nicht genau, wie unser Gehirn entscheidet, was es sich merkt und was nicht.

Auf und unter dem Radar

Manche Aktionen unseres Körpers, wie Muskelbewegungen, können wir mit unserem Willen steuern. Dafür sind die Nervenfasern des autonomen Nervensystems zuständig. Andere Aktivitäten, wie die Atmung und Verdauung, passieren dagegen wie von alleine. Hierfür sind Fasern des vegetativen Nervensystems verantwortlich.

Von Zelle zu Zelle

Unser gesamtes Nervensystem ist aus Nervenzellen aufgebaut. Das Besondere an diesen Zellen sind ihre Fortsätze – die Dendriten und Axone. Dendriten nehmen Signale auf und Axone leiten sie an die nächste Nervenzelle weiter. So kommen die Botschaften Schritt für Schritt voran. Zellen sind normalerweise etwa einen hundertstel Millimeter groß. Manche unserer Nervenzellen besitzen aber Axone mit über einem Meter Länge.

Lernen

Die Verbindungen zwischen zwei Nervenzellen funktionieren umso besser, je häufiger sie verwendet werden. Unser Körper baut sozusagen viel befahrene Straßen aus. Diese Umbauprozesse sind die Voraussetzung dafür, dass wir beim wiederholten Auftauchen eines Problems besser und schneller damit umgehen können. Wir haben gelernt.

Unsere Sinne

Über unsere Sinne treten wir mit unserer Umwelt in Kontakt. Augen, Ohren, Nase und Zunge nehmen Reize aus der Umwelt auf und melden sie an das Gehirn weiter.

Wie funktioniert das Auge?

Rund 80 Prozent der Sinneseindrücke nehmen wir über die Augen wahr. Lichtempfindliche Nervenzellen auf der Netzhaut, die Stäbchen, sorgen dafür, dass wir auch in der Dämmerung etwas erkennen. Tagsüber werden die Stäbchen durch weitere Nervenzellen, die Zapfen, unterstützt. Diese sind wiederum dafür verantwortlich, dass wir die Welt bunt sehen. Durch Veränderung des Durchmessers der Pupille passen sich die Augen an unterschiedliche Lichtverhältnisse an. Die Anpassung der Wölbung der Linse bewirkt, dass wir Gegenstände in unterschiedlicher Entfernung scharf sehen. Unser Gehirn kombiniert die Sinneseindrücke beider Augen, so können wir auch Entfernungen abschätzen.

Pupille

Iris

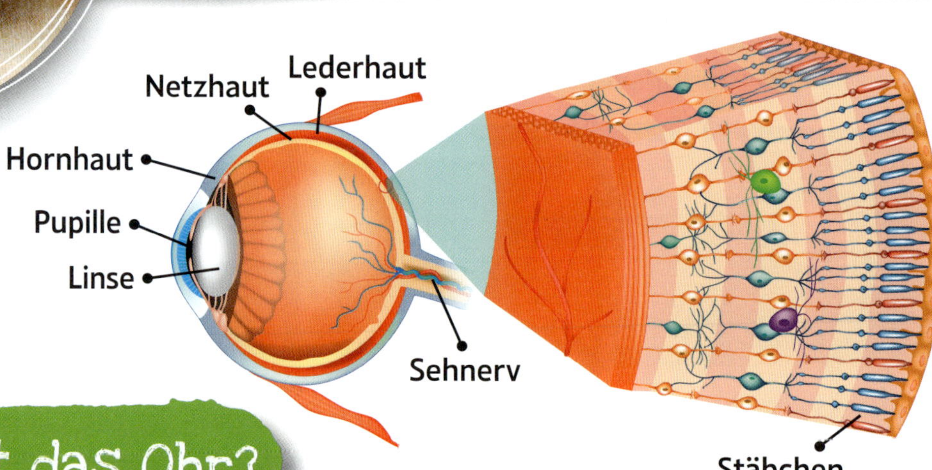

Wie funktioniert das Ohr?

Von unserem Hörorgan ist von außen nur die Ohrmuschel sichtbar. Sie fängt Schallwellen ein und führt sie über den äußeren Gehörgang zum Trommelfell. Das in Schwingungen versetzte Trommelfell überträgt die Bewegung auf drei kleine Knochen – Hammer, Amboss und Steigbügel. Von da aus geht es weiter in die mit Flüssigkeit gefüllte Schnecke. Die in Bewegung versetzte Flüssigkeit verbiegt kleine Sinneshärchen. Je nach Tonlage und Lautstärke unterscheidet sich die Höhe und Häufigkeit der Wellen und damit auch die Bewegung der Härchen. Der mit den Sinneshärchen verbundene Hörnerv leitet die Informationen an unser Gehirn weiter. Jetzt nehmen wir Töne wahr!

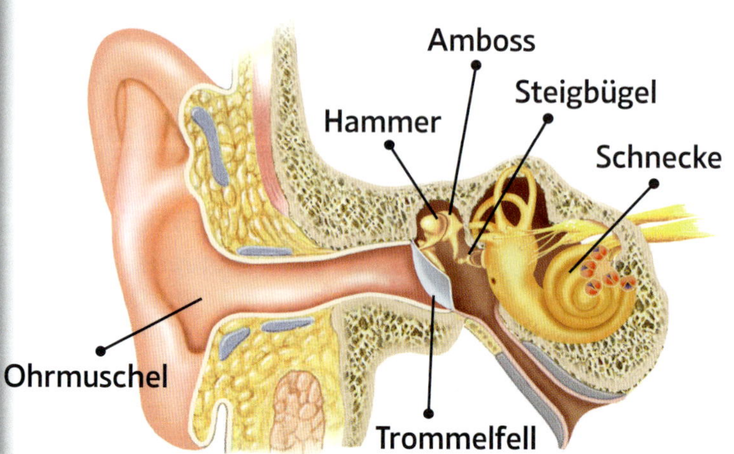

Gerüche

Die über die Nase eingeatmete Luft strömt an der Riechschleimhaut vorbei. Hier sitzen spezifische Sinneszellen, die Gerüche wahrnehmen. Geruchssignale werden in einem anderen Teil des Gehirns verarbeitet als optische und akustische Signale. Daher verbinden wir Gerüche stärker mit Emotionen und Erinnerungen.

Riechschleimhaut

Nasenlöcher

Supernasen

Hunde können mit ihrem Geruchssinn Lawinenopfer aufspüren und Spuren von Menschen selbst nach Tagen noch verfolgen. Da kann unsere Nase bei Weitem nicht mithalten. Der bessere Geruchssinn der Hunde hat zwei Gründe: Zum einen besitzen Hunde deutlich mehr Riechsinneszellen als Menschen. Zum anderen nehmen sie durch ihre spezielle Atemtechnik, das Schnüffeln, viel mehr Geruchsstoffe auf.

Wie schmecken wir?

Das Schmecken funktioniert ähnlich wie das Riechen. Die Sinneszellen dafür tragen wir auf der Zunge. Diese Geschmacksknospen können aber nur fünf Hauptgeschmacksrichtungen unterscheiden – süß, sauer, salzig, bitter und umami. Geschmacksknospen für umami erkennen einen Stoff, der beispielsweise in Fleisch enthalten ist. Über eine Verbindung zwischen Rachen und Nase gelangen Nahrungsbestandteile auch bis zu den Riechsinneszellen. Wie das Essen letztlich wirklich schmeckt, entscheidet sich daher überwiegend in der Nase.

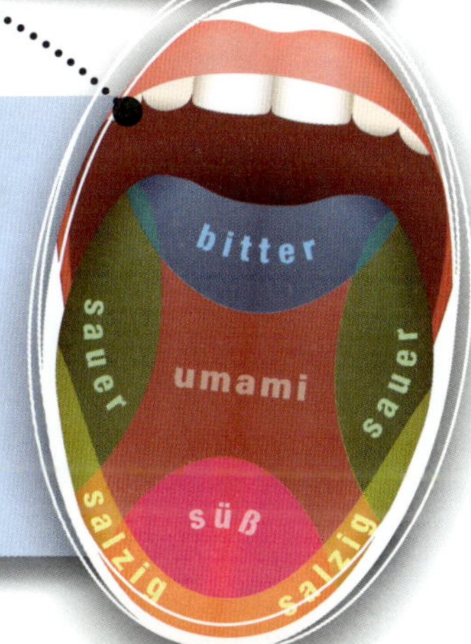

Auch im Schlaf wachsam

Beim Schlafen können wir die Ohren und die Nase anders als die Augen nicht schließen. Bei Brandgeruch und lauten Geräuschen sind wir daher sofort hellwach.

Sinnesorgan Haut

Auch die Haut funktioniert als ein Sinnesorgan. Verschiedene Sinneszellen in der Haut können Schmerz, Hitze und Berührungen wahrnehmen.

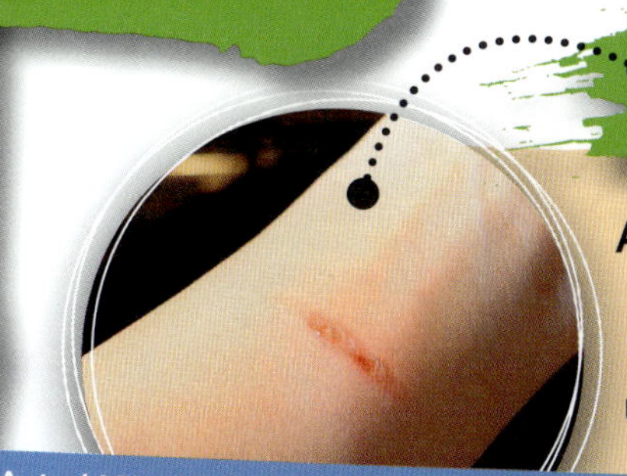

Autsch! Eine Verbrennung tut weh! Der Schmerz sorgt dafür, dass wir den Arm sofort zurückziehen, und schützt uns somit vor schlimmeren Verletzungen.

Knochen und Muskeln

Stabil und beweglich

Als inneres Gerüst gibt das Skelett unserem Körper Halt. Damit wir uns bewegen können, ist es aus vielen Einzelteilen, den Knochen, aufgebaut. Zwischen den Knochen liegen Gelenke. Die an einem Gelenk beteiligten Knochen werden durch Bänder und Muskeln in Position gehalten. Der Knorpel im Gelenkspalt wirkt wie ein Schmiermittel und verhindert, dass die harten Knochen aneinander reiben.

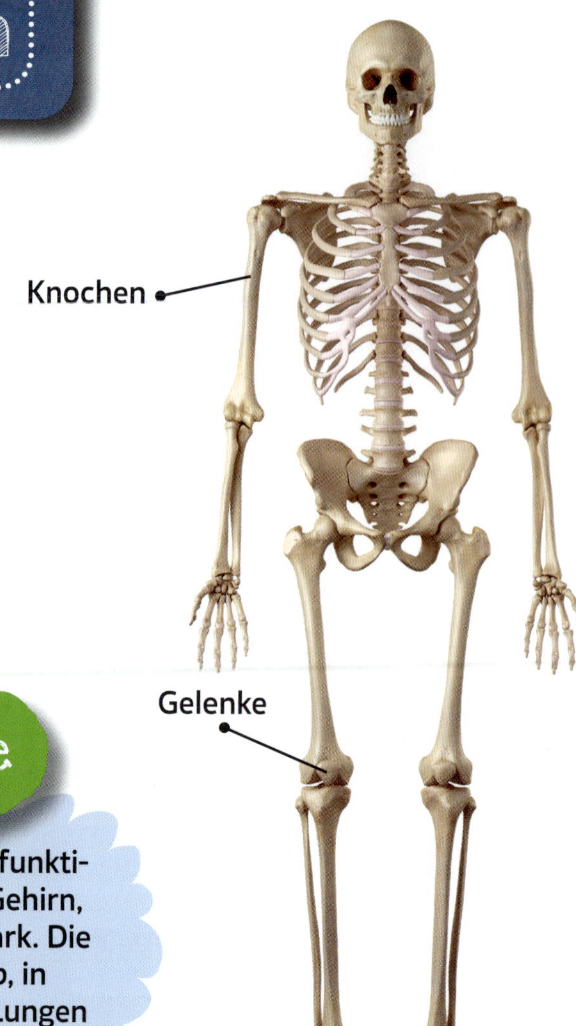

Knochen als Schutzhülle

Viele Knochen haben eine Schutzfunktion. Der Schädel umgibt unser Gehirn, die Wirbelsäule das Rückenmark. Die Rippen formen den Brustkorb, in dem unser Herz und unsere Lungen liegen.

Harte Schale, weicher Kern

Das Innere größerer Knochen enthält das weiche Knochenmark, in dem unsere Blutzellen gebildet werden.

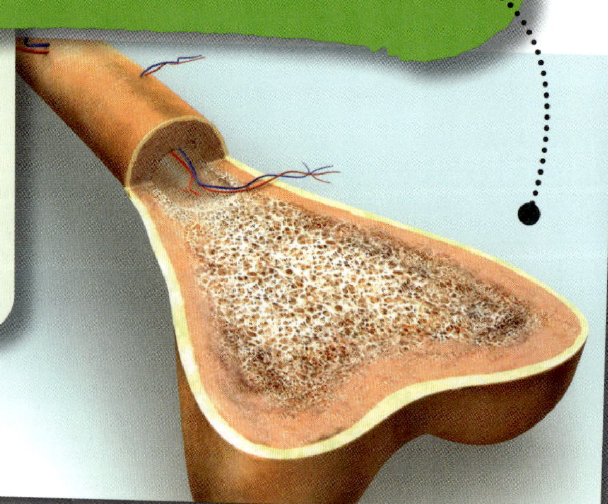

Knochenschwund?

Babys haben bei der Geburt über 300 Knochen. Das ist deutlich mehr als bei Erwachsenen, die nur auf knapp über 200 Knochen kommen. Wie kann das sein? Bei Babys sind viele Knochen, zum Beispiel am Schädel und an der Hand, anfangs noch nicht verbunden. Erst mit der Zeit wachsen sie zu größeren Knochen zusammen und machen das Skelett belastbarer.

Muskeln arbeiten als Team

Neben dem Skelett enthält unser Bewegungsapparat Muskeln. Die Bewegung entsteht, indem sich diese Muskeln verkürzen oder verlängern. Muskeln arbeiten immer zu zweit als sogenannte Gegenspieler. Während sich beispielsweise der Bizeps beim Beugen des Armes zusammenzieht, wird der Trizeps länger. Umgekehrt ist es beim Strecken.

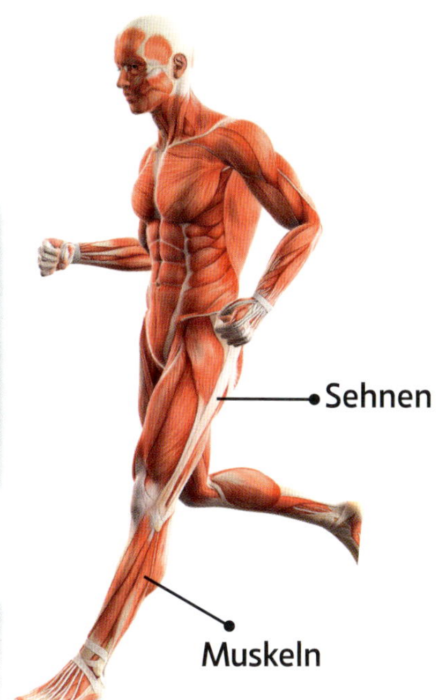

Muskeln als Transportmaschinen

Muskeln dienen aber nicht nur der Fortbewegung. Auch verschiedene Organe enthalten Muskelgewebe. Der Herzmuskel pumpt Blut durch unseren Körper. Die Muskeln im Magen und Darm transportieren die Nahrung durch den Verdauungstrakt.

Muskelspiel

Gefühle lassen sich bei uns Menschen an der Mimik des Gesichtes ablesen. Mit unserem Gesichtsausdruck teilen wir unserem Gegenüber unbewusst mit, ob wir wütend, traurig oder fröhlich sind. An der Mimik sind über 40 Muskeln beteiligt.

Ohrwackeln

Viele Tiere können ihre Ohren in verschiedene Richtungen bewegen. So nehmen sie auch Räuber wahr, die sich von hinten nähern. Menschen haben die dafür notwendigen Muskeln im Laufe der Evolution verloren, sie verlassen sich hauptsächlich auf ihre Augen. Wenn Menschen heute mit den Ohren wackeln können, nutzen sie dazu die Hautmuskeln des Schädels.

Herz und Blut

Herz im Dauereinsatz

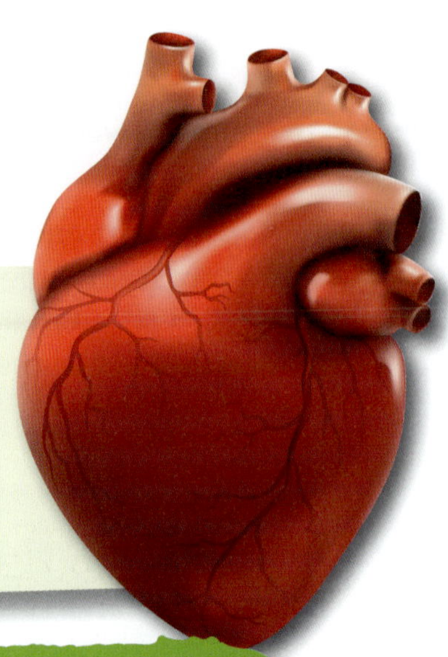

Unser Herz ist ein faustgroßes Hohlorgan, dessen Wand überwiegend aus Muskeln besteht. Innen enthält es vier Kammern, die sich rhythmisch zusammenziehen und wieder entspannen. Dadurch pumpt das Herz unser Blut tagein, tagaus durch unseren Körper. Bei einer Frequenz von 70 Schlägen pro Minute schlägt unser Herz jeden Tag etwa 100.000 Mal.

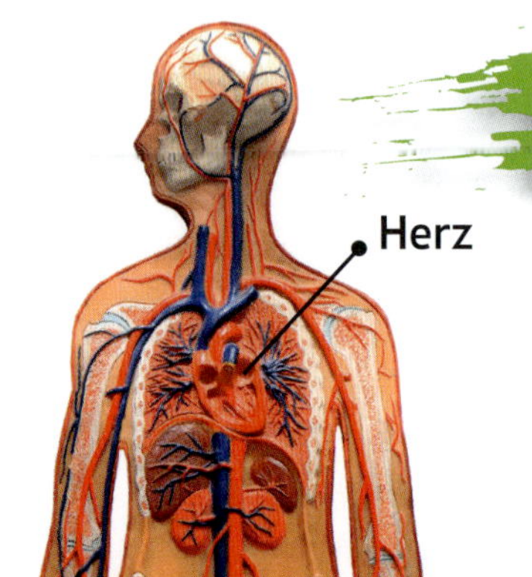

Transport von Sauerstoff

Menschen besitzen zwei getrennte Blutkreisläufe. Über den kleineren Lungenkreislauf wird kohlenstoffdioxidhaltiges Blut zur Lunge transportiert. Dort wird das Kohlenstoffdioxid gegen Sauerstoff ausgetauscht. Das Blut fließt wieder zum Herzen zurück. Im Körperkreislauf wird das sauerstoffhaltige Blut vom Herzen in alle Organe und Gewebe gepumpt. Hier wird nun der Sauerstoff gegen Kohlenstoffdioxid ausgetauscht und das Blut wird wieder zum Herzen zurückgeleitet.

Arterien, Venen, Kapillaren

Blutgefäße, die das Blut vom Herzen wegführen, nennt man Arterien. Venen dagegen leiten das Blut zum Herzen hin. Die feinen Blutgefäße in den Geweben heißen Kapillaren.

Taktgleich!

Das Herz gilt in unserer Kultur als Symbol der Liebe. Forscher haben nun herausgefunden, dass bei Liebespaaren, die sich an den Händen halten oder sich tief in die Augen blicken, die Herzen synchron, das heißt im gleichen Takt schlagen.

Was wird im Blut transportiert?

Mit dem Blut werden nicht nur Kohlenstoffdioxid und Sauerstoff transportiert, sondern auch Nähr- und Abfallstoffe. Zudem verteilen sich Botenstoffe, die die unterschiedlichen Aufgaben der Organe unseres Körpers koordinieren, über den Körperkreislauf.

Notprogramm bei Kälte

Der Blutkreislauf hilft dem Körper auch, seine Kerntemperatur konstant bei etwa 37 Grad Celsius zu halten. Wenn es sehr kalt ist, wird weniger Blut in die Extremitäten gepumpt, damit nicht zu viel Wärme verloren geht. Deswegen frierst du an den Händen und Füßen am schnellsten.

Zellen mit verschiedenen Aufgaben

Erwachsene Menschen besitzen fünf bis sieben Liter Blut. Im flüssigen Blutplasma schwimmen verschiedene Zellen herum, die im Körper unterschiedliche Aufgaben erfüllen.

Rote Blutkörperchen enthalten Hämoglobin. Dieser Farbstoff verleiht dem Blut die rote Farbe. Hämoglobin bindet Kohlenstoffdioxid und Sauerstoff und ist daher für den Transport der beiden Stoffe im Blut verantwortlich.

Die kleineren **Blutplättchen** sind wichtig bei Verletzungen. Die Zellen verkleben miteinander und verschließen so die Wunde.

Blutplasma ist die Blutflüssigkeit.

Unter dem Begriff **weiße Blutkörperchen** werden Zellen mit unterschiedlichen Aufgaben bei der Abwehr von Bakterien und Viren zusammengefasst.

Lunge und Atmung

Ohne Pause

Das Atmen ist für uns Menschen so selbstverständlich, dass wir nicht darüber nachzudenken brauchen. Wir atmen ständig, auch wenn wir essen oder schlafen. Bei der Atmung nehmen wir frische sauerstoffreiche Luft auf und geben verbrauchte kohlenstoffdioxidreiche Luft wieder ab.

Weg der Atemluft

Die über die Nase oder den Mund eingeatmete Luft gelangt über die Luftröhre, Bronchien und sich immer weiter verzweigende Ästchen bis zu den Lungenbläschen. Wir Menschen haben etwa 300 Millionen davon. Die Lungenbläschen sind von einem Netz aus Blutgefäßen umgeben. Hier nimmt das Blut den Sauerstoff auf und gibt Kohlenstoffdioxid ab.

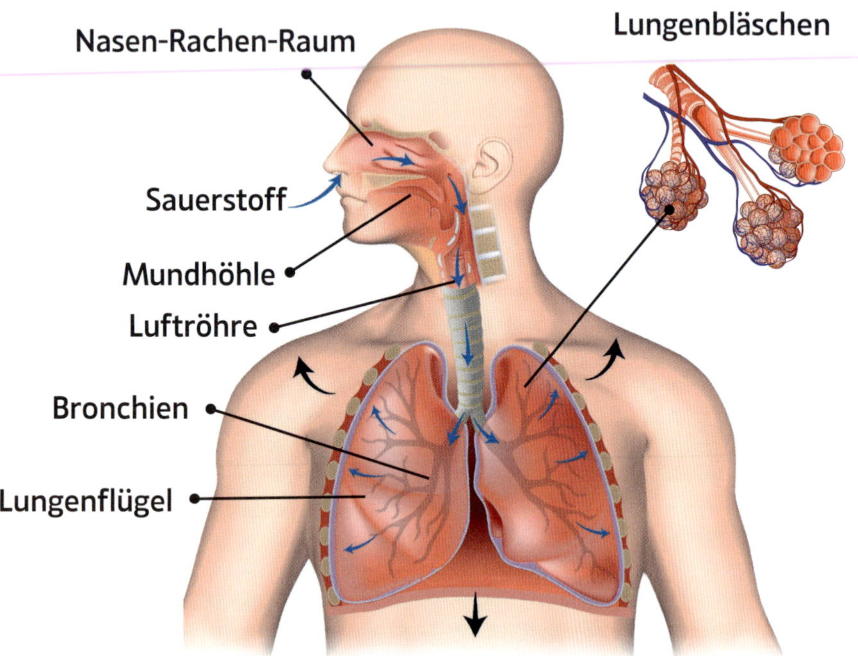

Dünne Luft

Luft ist nicht gleich Luft. Im Hochgebirge ist der Luftdruck geringer als auf der Höhe des Meeresspiegels. Das bedeutet auch, dass die Menschen pro Atemzug weniger Sauerstoff aufnehmen. Wer sich unvorbereitet über einen längeren Zeitraum in große Höhen begibt, wird daher höhenkrank. Ab circa 7000 Metern beginnt die Todeszone. Selbst Menschen, die an große Höhen gewohnt sind, können sich hier nicht dauerhaft aufhalten.

Atmen lässt sich trainieren

Mit jedem Atemzug pumpen Erwachsene einen halben Liter Luft in ihre Lunge. Bei einem tiefen Atemzug sind es maximal etwa drei Liter. Leistungsschwimmer kommen dagegen auf bis zu acht Liter.

Sauerstoff: Treibstoff des Lebens

Egal was wir tun, ob wir schlafen, essen oder laufen, unser Körper verbraucht ständig Sauerstoff. Sauerstoff ist der Treibstoff, der uns am Leben hält. Der vom Blut aufgenommene Sauerstoff wird über die Blutgefäße zu den Organen und Geweben transportiert. Hier wird er von den Zellen aufgenommen.

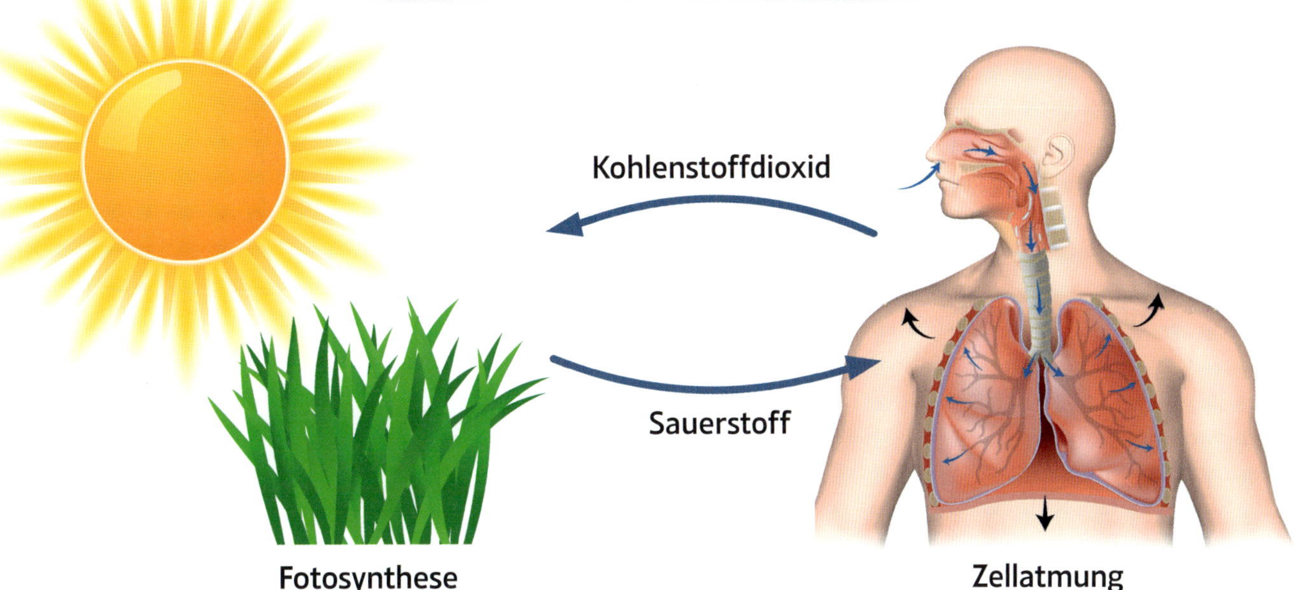

Atmende Zellen

In den Zellen passiert das, was Forscher Zellatmung nennen. Die Zellen nutzen den Sauerstoff, um Nährstoffe wie Kohlenhydrate und Fette zu verbrennen. Dabei entstehen Kohlenstoffdioxid und Energie. Die Energie brauchen wir, um die Grundfunktionen in unserem Körper aufrechtzuerhalten, aber auch um uns zu bewegen und unsere Körpertemperatur konstant zu halten.

Perfektes Zusammenspiel

Das bei der Zellatmung entstehende Kohlenstoffdioxid geben wir wieder in die Luft ab. Vielleicht erinnerst du dich: Das Kohlenstoffdioxid brauchen die Pflanzen, um über die Fotosynthese Kohlenhydrate zu bilden und zu wachsen. Dabei produzieren sie auch Sauerstoff. Zellatmung und Fotosynthese bilden also einen perfekten Kreislauf.

Verdauung und Ernährung

Nach der Aufnahme über den Mund durchquert die Nahrung unseren Verdauungstrakt. Jede der Stationen hat ihre eigene Aufgabe. Am Ende werden die unverdaulichen Bestandteile ausgeschieden.

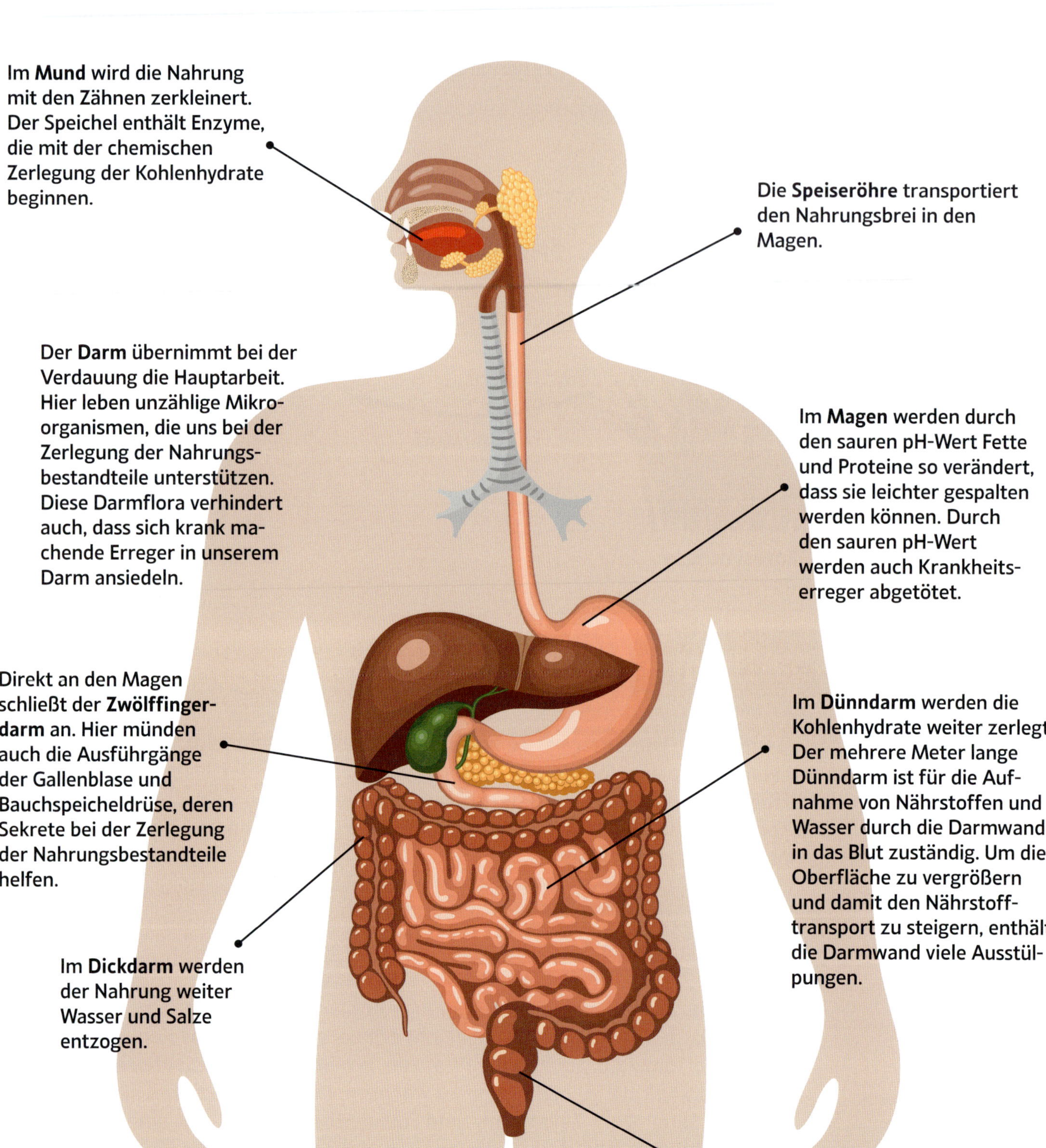

Was ist drin in unserer Nahrung?

Unterschieden werden Makronährstoffe, aus denen bei der Zellatmung Energie gewonnen wird, und Mikronährstoffe, die wir für verschiedene Körperfunktionen brauchen.

Drei Hauptgruppen

In Abhängigkeit von der chemischen Struktur werden bei den Makronährstoffen Kohlenhydrate, Proteine und Fette unterschieden. Getreideprodukte wie Nudeln und Brot enthalten besonders viele Kohlenhydrate. Fette nehmen wir meist über Öle und fette Fleisch- beziehungsweise Fischsorten auf. In Fleisch, Fisch, Eiern, Milchprodukten und Hülsenfrüchten sind viele Proteine enthalten.

Mikronährstoffe

Zu den Mikronährstoffen zählen Mineralien und Vitamine. Beispielsweise enthält das für den Sauerstofftransport im Blut verantwortliche Hämoglobin Eisen. Durch den Einbau von Kalzium werden unsere Knochen und Zähne hart. Vitamine sind an vielen chemischen Reaktionen des Stoffwechsels beteiligt.

Todesursache Mangelernährung

Früher starben auf den großen Entdeckungsreisen viele Matrosen an einer Krankheit namens Skorbut. Schuld war ein Vitamin-C-Mangel aufgrund der einseitigen Ernährung. Im 18. Jahrhundert fand schließlich ein Arzt heraus, dass Zitrusfrüchte die Erkrankung verhindern können. Bei der britischen Marine teilte der Schiffsarzt daraufhin jeden Tag einen Löffel Zitronensaft an die Matrosen aus.

Leber und Niere

Die Leber als Multifunktionsorgan

Die Leber überprüft ständig die Zusammensetzung des Blutes. Sie nimmt Nährstoffe und Vitamine auf und speichert sie. Schadstoffe werden dagegen aussortiert. Dazu wandelt die Leber diese so um, dass sie über die Galle oder die Niere ausgeschieden werden können. Zusätzlich produziert die Leber die Gallenflüssigkeit, die wir für die Fettverdauung brauchen, und weitere überlebenswichtige Stoffe.

Nachwachsendes Organ

Im Gegensatz zu anderen Organen unseres Körpers besitzt die Leber die Fähigkeit, nachwachsen zu können.

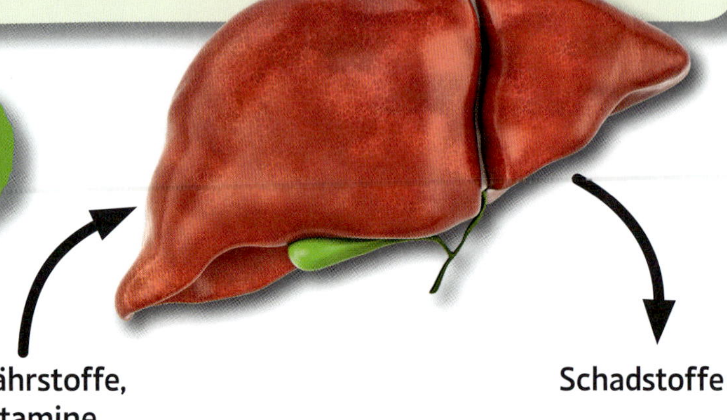

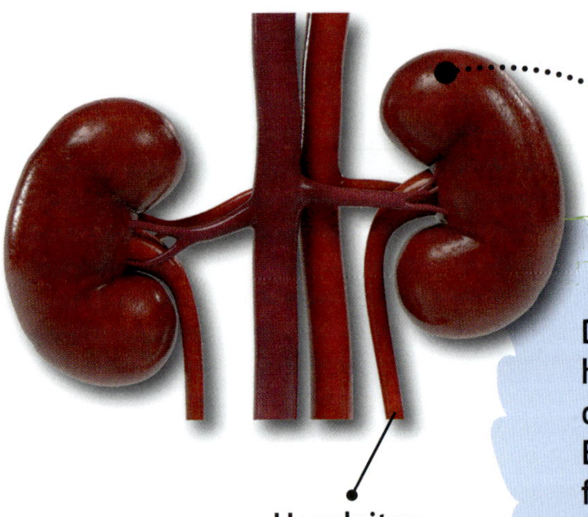

Nieren als Filter

Die beiden bohnenförmigen Nieren filtern Abfallstoffe aus dem Blut heraus. Dann leiten sie diese über den Harnleiter in die Blase und von dort über die Harnröhre nach draußen. Gelb wird der Urin durch das Bilirubin. Dabei handelt es sich um ein Abbauprodukt des roten Blutfarbstoffes.

Organspende

Wenn beide Nieren nicht mehr funktionieren, können Apparate die Aufgabe der Blutreinigung übernehmen. Diesen Vorgang nennen Mediziner Dialyse. Manche Patienten enthalten auch eine Spenderniere. Da man zum Überleben nur eine Niere braucht, können auch lebende Personen eine Niere spenden.

Hormone – Botenstoffe des Körpers

Botschaft per Post

Was tust du, wenn du dich mit einem Freund zum Spielen verabreden möchtest? Na klar, entweder du schickst ihm eine Botschaft über dein Handy oder du greifst zum Telefon. Ähnlich nutzt der Körper Hormone als chemische Botenstoffe, die über das Blutgefäßsystem verbreitet werden. So schafft er es, dass verschiedene Organsysteme zusammenarbeiten und sich nicht gegenseitig behindern.

Stress und Adrenalin

Auch du bist bestimmt schon mal in eine Stresssituation geraten. Möglicherweise warst du ganz hibbelig und wärst am liebsten losgerannt. Hier hatten Stresshormone wie Adrenalin ihre Finger im Spiel. Diese Hormone stimmen den Körper auf Belastung ein und machen ihn leistungsfähiger, der Blutdruck steigt, das Herz schlägt schneller und die Muskeln werden besser durchblutet.

Zirbeldrüse: Hormon zur Regulation des Tag-Nacht-Rhythmus

Hypophyse: Hormone zur Regulation des Wachstums und des Stoffwechsels

Schilddrüse/Nebenschilddrüse: Hormone zur Regulation des Blutkreislaufs / Kalziumgehaltes des Blutes

Bauchspeicheldrüse: Hormon zur Regulation des Blutzuckerspiegels (Insulin)

Nebenniere: Stresshormone

Eierstöcke (weiblich)

Geschlechtshormone (Entwicklung der Geschlechtsorgane, Fortpflanzung)

Hoden (männlich)

Immunsystem

Tag für Tag kommen wir mit unzähligen Krankheitserregern wie Viren, Bakterien und Pilzen in Kontakt. Bei ihrem Versuch, in den Körper einzudringen, scheitern viele bereits an unserer Haut. Sie kommen nicht durch. Eindringlinge, die diese Barriere überwunden haben, werden von Zellen und chemischen Abwehrstoffen attackiert. Wissenschaftler nennen diese komplexe Verteidigung Immunsystem.

Kein Platz für Fremdlinge

Das Grundprinzip unseres Immunsystems ist, dass es zwischen körpereigenen Zellen und Eindringlingen unterscheiden kann. Eine solche Unterscheidung ist möglich, da Zellen artspezifische Oberflächenmerkmale tragen, die sie als fremd oder bekannt ausweisen. Das ist vergleichbar mit Fußballtrikots, an denen du erkennen kannst, ob ein Spieler zur eigenen oder gegnerischen Mannschaft gehört. Normalerweise bekämpft das Immunsystem ausschließlich fremde Zellen.

Wachsame Blutkörperchen

Wichtige Mitstreiter des Immunsystems sind die weißen Blutkörperchen, die im Blut zirkulieren. Diese im Knochenmark gebildeten Zellen übernehmen unterschiedliche Aufgaben, haben aber immer ein gemeinsames Ziel – der Eindringling muss weg.

Unspezifische Immunabwehr

Manche der weißen Blutkörperchen nutzen zur Bekämpfung der Krankheitserreger Waffen, die gegen alle Eindringlinge wirken. Einige Zellen produzieren chemische Stoffe, die die Krankheitserreger abtöten, andere fressen Bakterien einfach auf. Diese unspezifische Immunabwehr funktioniert auch dann, wenn der Körper den aktuellen Krankheitserreger nicht kennt und noch nie mit ihm Kontakt hatte.

Spezifische Immunabwehr

Andere Blutzellen müssen sich neue Krankheitserreger erst einmal anschauen, um dann eine spezifisch auf den Eindringling zugeschnittene Waffe zu entwickeln. Ein Beispiel für eine solche Waffe sind Antikörper. Diese Zellen gehören zum spezifischen Immunsystem.

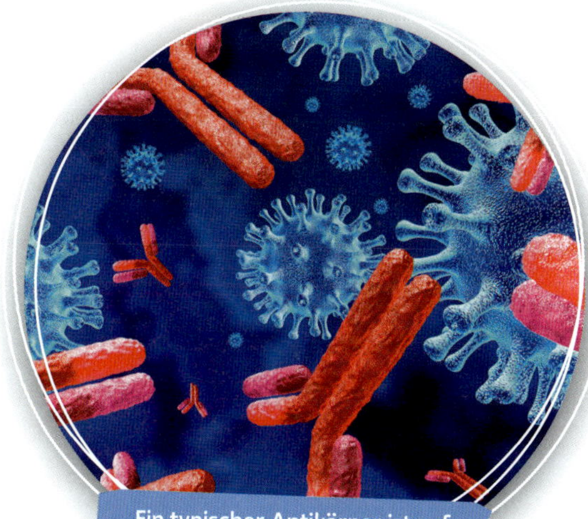

Ein typischer Antikörper ist aufgebaut wie der Buchstabe Y.

Etappenweiser Sieg

Das unspezifische und spezifische Immunsystem reagieren zeitlich versetzt. Die Zellen des unspezifischen Immunsystems legen bei einer Infektion sofort los und halten die Eindringlinge so lange in Schach, bis nach etwa drei Tagen die Zellen des spezifischen Immunsystems einsatzbereit sind. Das kennst du bestimmt von einer Erkältung. Das Schniefen wird meist nach ungefähr drei Tagen besser.

Beim zweiten Mal besser vorbereitet

Ist ein Eindringling erfolgreich bekämpft, verbleiben einige Zellen, die spezifische Antikörper produzieren, im Körper. Falls wir uns ein zweites Mal mit dem gleichen Krankheitserreger infizieren, können sich diese Zellen sehr schnell vermehren und die Eindringlinge bekämpfen, bevor der Körper Symptome zeigt. Aufgrund dieses „immunologischen Gedächtnisses“ können wir viele Krankheiten nur einmal bekommen.

Impfstoffe

Beim Impfen nutzen Ärzte das immunologische Gedächtnis, um Erkrankungen ganz zu verhindern. Impfstoffe täuschen dem Immunsystem eine Infektion vor, ohne dass wir krank werden. Dadurch entstehen Zellen, die spezifische Antikörper produzieren. Auch von diesen Zellen überdauern einige im Körper und sind bei einer tatsächlichen Infektion sofort einsatzbereit.

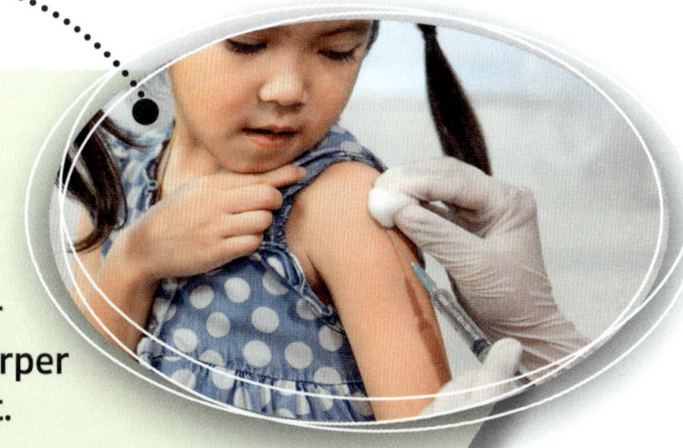

Neues Leben und Alter

Mädchen oder Junge?

Jeder Mensch entwickelt sich aus einer einzigen Zelle, die aus der Verschmelzung eines Spermiums seines Vaters und einer Eizelle seiner Mutter entsteht. Schon in dieser Zelle ist festgelegt, ob das Baby ein Mädchen oder Junge wird.

Das Spermium trifft auf die Eizelle und verschmilzt mir ihr – ein Baby entsteht.

Eineiige Zwillinge

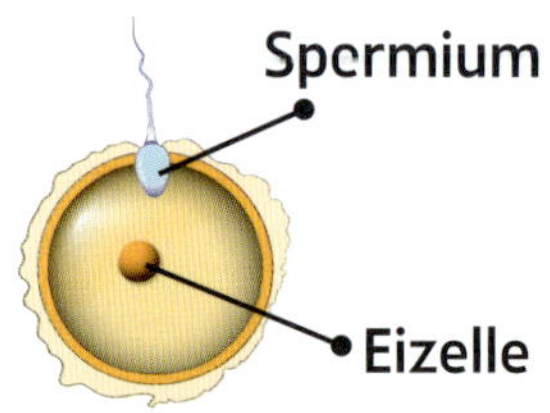

Zweieiige Zwillinge

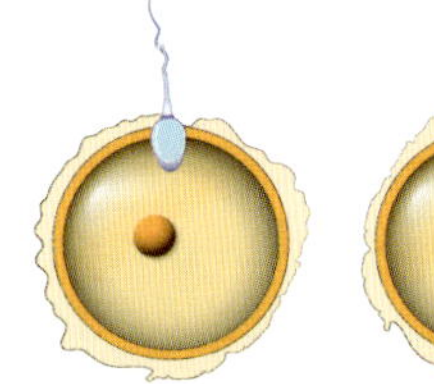

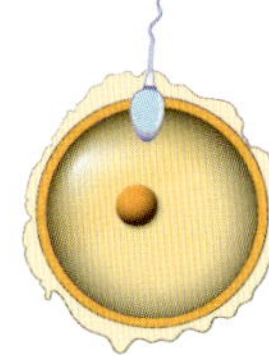

Babys im Doppelpack

Wenn sich zwei Babys zur gleichen Zeit im Bauch der Mutter entwickeln, spricht man von Zwillingen. Zwillinge, die von der gleichen Eizelle abstammen, sind beide entweder Mädchen oder Jungen. Obwohl sie sich zum Verwechseln ähnlich sehen, besitzen auch solche eineiigen Zwillinge wie alle Menschen unterschiedliche Fingerabdrücke. Zwillinge, die durch die zeitgleiche Befruchtung zweier Eizellen mit zwei Spermien entstehen, sehen sich weniger ähnlich und können sogar unterschiedliche Geschlechter haben.

Verschätzt

Nur etwa jedes zwanzigste Kind kommt zu dem Termin zur Welt, den der Arzt oder die Ärztin errechnet hat. Das liegt unter anderem daran, dass sich der Beginn der Schwangerschaft nicht genau bestimmen lässt.

Rundumservice

Bevor ein Baby geboren wird, wächst es in der Gebärmutter seiner Mutter heran. In dieser Zeit bekommt es alles, was es zum Leben braucht, von seiner Mutter. Dazu ist es mit der Mutter über die Nabelschnur verbunden. Die Ansatzstelle der Nabelschnur begleitet dich als Bauchnabel dein Leben lang.

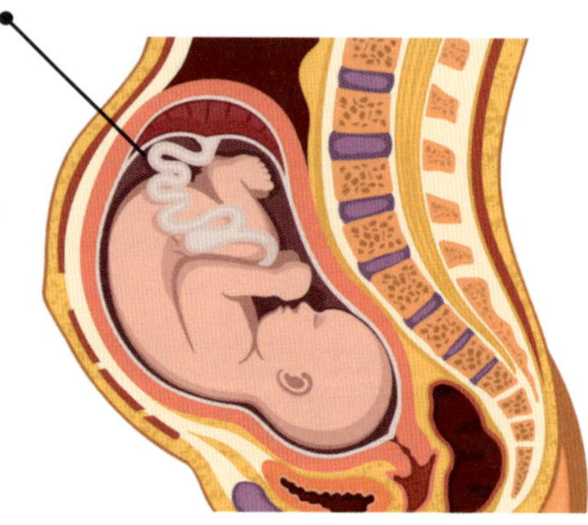

Geburt

Nach etwa 40 Wochen hat sich das Baby so weit entwickelt, dass es auch außerhalb der Gebärmutter überleben kann. Dann beginnt sich die Gebärmutter in regelmäßigen Abständen zusammenzuziehen. Durch diese für die Frau schmerzhaften Wehen wird das Baby durch die Scheide der Mutter herausgedrückt.

Immer älter!

Menschen leben nicht ewig. In der Steinzeit wurden Männer und Frauen im Durchschnitt nicht älter als 30 Jahre. Viele von ihnen starben schon als Säugling. Heute beträgt die durchschnittliche Lebenserwartung 79 Jahre.

Leben Frauen gesünder?

Frauen leben durchschnittlich fünf Jahre länger als Männer. Für diese längere Lebenszeit gibt es verschiedene Gründe. Dazu zählt, dass weibliche Hormone das Risiko für Herz-Kreislauf-Erkrankungen verringern. Frauen rauchen auch seltener als Männer. Zudem begeben sie sich weniger häufig in lebensbedrohliche Situationen und sterben daher seltener bei Unfällen.

Neue Zellen

Im Laufe unseres Lebens entstehen durch Zellteilung ständig neue Zellen, die alte, „verbrauchte" Zellen ersetzen. Nicht bei allen Zellen unseres Körpers passiert das mit der gleichen Geschwindigkeit. Blutzellen werden etwa vier Monate alt, Zellen der Dünndarmwand sogar nur ein bis zwei Tage. Knochenzellen halten dagegen bis zu 30 Jahre und Nervenzellen werden überhaupt nicht ersetzt.

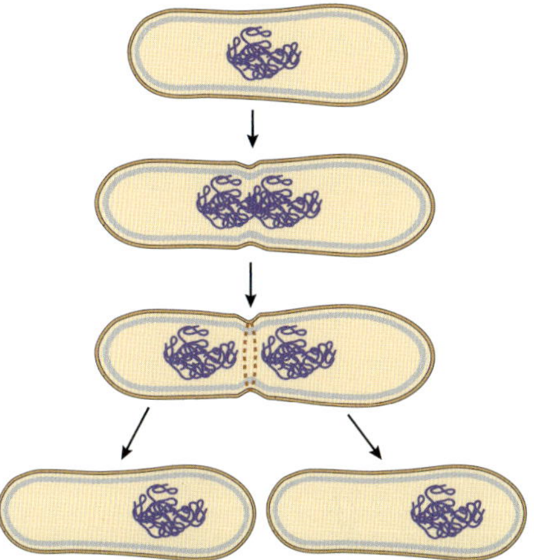

Warum altern Menschen?

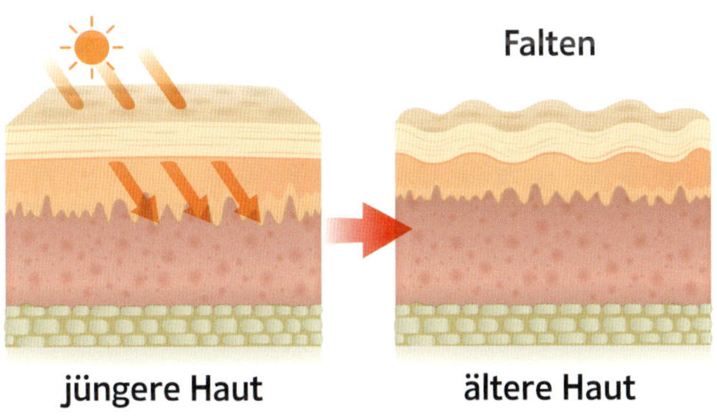

Die Sonnenstrahlen dringen tief in die Haut ein und verursachen Schäden in den Zellen.

Zwei Mechanismen spielen für die Alterung des Körpers eine Rolle. Die meisten Zellen können sich nicht beliebig häufig teilen, sodass mit zunehmendem Alter immer weniger Zellen nachgeliefert werden. Zudem häufen sich durch die Umwelt ausgelöste Schäden in den Zellen, die sich nicht mehr reparieren lassen. Ein Beispiel für den Einfluss der Umwelt ist die durch das Sonnenlicht beschleunigte Alterung der Haut. An Stellen, die häufig der Sonne ausgesetzt sind – wie dem Gesicht oder an den Handrücken – zeigen sich meist die ersten Falten.

KULTUR

Religion

Religiöse Vorstellungen gab es bereits bei den Urmenschen. Der Glaube an eine höhere Macht oder ein Leben nach dem Tod zieht sich durch alle Zeiten. Aus ihm sind die Religionen entstanden, die wir heute kennen und nach deren Vorschriften sich die Gläubigen richten. Fast alle Menschen gehören einer der folgenden fünf Weltreligionen an.

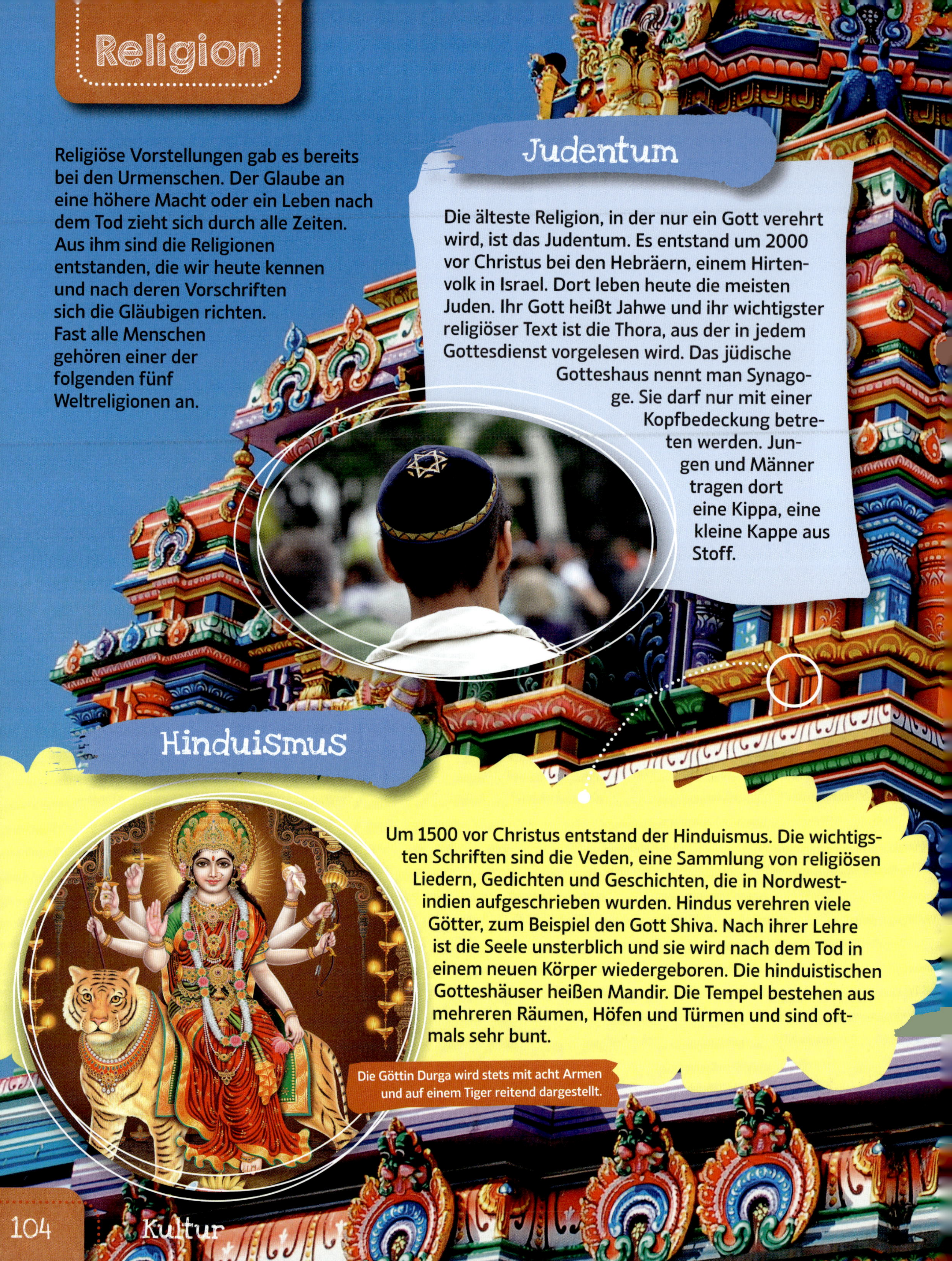

Judentum

Die älteste Religion, in der nur ein Gott verehrt wird, ist das Judentum. Es entstand um 2000 vor Christus bei den Hebräern, einem Hirtenvolk in Israel. Dort leben heute die meisten Juden. Ihr Gott heißt Jahwe und ihr wichtigster religiöser Text ist die Thora, aus der in jedem Gottesdienst vorgelesen wird. Das jüdische Gotteshaus nennt man Synagoge. Sie darf nur mit einer Kopfbedeckung betreten werden. Jungen und Männer tragen dort eine Kippa, eine kleine Kappe aus Stoff.

Hinduismus

Um 1500 vor Christus entstand der Hinduismus. Die wichtigsten Schriften sind die Veden, eine Sammlung von religiösen Liedern, Gedichten und Geschichten, die in Nordwestindien aufgeschrieben wurden. Hindus verehren viele Götter, zum Beispiel den Gott Shiva. Nach ihrer Lehre ist die Seele unsterblich und sie wird nach dem Tod in einem neuen Körper wiedergeboren. Die hinduistischen Gotteshäuser heißen Mandir. Die Tempel bestehen aus mehreren Räumen, Höfen und Türmen und sind oftmals sehr bunt.

Die Göttin Durga wird stets mit acht Armen und auf einem Tiger reitend dargestellt.

Buddhismus

Im 6. Jahrhundert vor Christus wurde Buddha, der Erleuchtete, geboren. Sein richtiger Name war Siddharta Gautama und er war ein reicher Prinz. Er verließ sein behütetes Leben und widmete sich der Frage, wie man dem Leid der Welt entkommen und in Frieden leben könne. Ein Weg dorthin führt über die Meditation, mit deren Hilfe man einen Zustand völliger Ruhe, das Nirwana, erreichen kann. Neben Buddha ist der Dalai Lama sehr wichtig. Er ist ein Vorbild für die Buddhisten und lebt in Indien.

Buddha

Christentum

Nach dem christlichen Glauben ist Gott der Schöpfer der Welt. Gott hat einen Sohn: Jesus Christus. Er ist der Gründer des Christentums, das mit über zwei Milliarden Anhängern die größte Weltreligion ist. Jesus Christus war Jude und mit seiner Geburt beginnt die christliche Zeitrechnung. Christen glauben an die Auferstehung von den Toten und das ewige Leben. Ihr wichtigstes Buch ist die Bibel.

Islam

Der Islam entwickelte sich wie das Christentum aus dem Judentum. Ein Engel verkündete Mohammed im 7. Jahrhundert nach Christus das Wort Gottes und er gründete daraufhin die islamische Religion. Ihr Gott hat den Namen Allah und seine Worte sind im heiligen Buch, dem Koran, niedergeschrieben. Gläubige Muslime beten fünfmal am Tag Richtung Mekka (Saudi-Arabien).

Bräuche und Feste

In allen Kulturen gibt es regelmäßig wiederkehrende Feste und Bräuche. Sie sind fester Bestandteil des Glaubens oder haben einen Bezug zu den Jahreszeiten.

Karneval

Fasching, Fastnacht oder Karneval wird in den sieben Wochen vor Ostern gefeiert. Bunte Kostüme und geschmückte Festwagen, von denen Süßigkeiten in die Zuschauermenge geworfen werden, sind feste Bestandteile des „närrischen“ Treibens. Am Aschermittwoch ist der Spaß dann vorbei. Er ist der erste Tag der 40-tägigen Fastenzeit vor Ostern.

Ostern

Ostern ist der höchste Feiertag der Christen. Sie feiern die Auferstehung Jesu von den Toten. Die Osterfeiertage sind abhängig vom Frühlingsvollmond und finden immer zwischen dem 22. März und dem 25. April statt. Schoko-Eier für die Kinder werden erst seit dem 19. Jahrhundert versteckt.

Erntedank

Erntedank wird in Deutschland am ersten Sonntag im Oktober gefeiert. Die Christen danken Gott mit dem Fest für den guten Ernteertrag. Der Altarraum wird für den Gottesdienst mit Feldfrüchten und Getreideähren geschmückt.

Walpurgisnacht

In der Nacht vom 30. April auf den 1. Mai treffen sich der Legende zufolge Hexen, um auf den Teufel zu warten. Aus ganz Deutschland sollen sie auf dem Brocken im Harz zusammenkommen und feiern. Es heißt, sie entzünden ein großes Feuer und treiben allerlei Unfug.

Weihnachten

An Weihnachten wird die Geburt Christi gefeiert. Die Weihnachtsfeiertage beginnen bei den meisten Christen am Abend des 24. Dezember und enden am 26. Dezember. Die ganze Familie kommt zum Essen zusammen und es gibt Geschenke. Den Brauch, einen Weihnachtsbaum im Haus aufzustellen, gibt es erst seit dem 17. Jahrhundert.

Mittsommer

Die Sommersonnenwende, wenn der Tag am längsten und die Nacht am kürzesten ist, wird vor allem in den nordischen Ländern groß gefeiert. In Schweden ist es das zweitgrößte Fest des Jahres. Feuer werden entzündet und es wird bis spät in die Nacht, in der es nicht dunkel wird, getanzt.

Muslimisches Zuckerfest

Das islamische Fest des Fastenbrechens wird auch Zuckerfest genannt. Es beendet den Fastenmonat Ramadan. Die ganze Familie kommt zusammen, um drei Tage zu feiern. Viele süße Speisen gehören zum Festmahl.

Mit der Kerze in der Mitte werden die übrigen acht Kerzen angezündet.

Chanukka

Das jüdische Lichterfest gedenkt der Wiedereinweihung des zweiten Tempels in Jerusalem im Jahr 164 vor Christus. Es wird im Winter gefeiert und dauert acht Tage. Jeden Tag wird ein weiteres Licht am acht- oder neunarmigen Chanukka-Leuchter angezündet. Die Kinder bekommen Geschenke und Süßigkeiten.

Schrift und Buchdruck

Die frühen Menschen kannten nur das gesprochene Wort. Eine Schriftsprache zu erfinden wurde erst notwendig, als sich Handelsbeziehungen mit anderen Völkern entwickelten. Schrift ermöglichte die Verbreitung von Wissen und hilft uns zu verstehen, was Menschen vor Jahrtausenden dachten und welches Leben sie führten.

Hieroglyphen

Um 3300 vor Christus erfanden die Ägypter die Hieroglyphen. Diese Schrift besteht aus Bildzeichen, die für ein Wort, eine Silbe oder einen Laut stehen. 700 bis 800 Bilder umfasste die Schrift. Sie wurde in Stein gemeißelt.

Keilschrift

100 Jahre nach den Ägyptern erfanden die Sumerer in Mesopotamien (heute: Irak) die Keilschrift. Sie heißt so, weil die einzelnen Zeichen wie kleine Keile aussehen. Die Form entstand beim Beschreiben der Tontafeln. Mit einem Griffel, einer Art Stift mit einem dreikantigen Ende, wurden die waagerechten, senkrechten oder schrägen Zeichen in den weichen Ton gedrückt.

Römisches Alphabet

Um 700 vor Christus entwickelten die Römer das griechische Alphabet weiter. Sie erschufen damit auch gleich eine neue Sprache: Latein. Deshalb wird dieses Alphabet auch das lateinische genannt. Es hat 26 Buchstaben und ist die Schrift, die weltweit am häufigsten eingesetzt wird.

Runen

Die Schriftzeichen der Germanen heißen Runen. Sie bestehen aus geraden Linien und wurden in Holz oder Stein geritzt. Eine Rune konnte ein Wort, eine Silbe, ein Laut oder ein magisches Zeichen sein.

Pergament und Papier

Texte zu transportieren wurde durch die Erfindung von Pergament und Papier möglich. Pergament stellte man aus Tierhäuten her und schrieb mit Tinte und einem Stift aus Schilfrohr darauf. Papier ist eine Erfindung der Chinesen. Es bestand aus Lumpen, das sind alte Stoffe, und Pflanzenfasern. Pergament und Papier waren sehr teuer.

Ein Pergament aus dem Jahr 907

Buchdruck

Um das Jahr 1041 erfand der Chinese Bi Sheng den Buchdruck. Er benutzte bewegliche Lettern, also Druckstempel, aus gebranntem Ton, die er zu immer neuen Wörtern zusammensetzen konnte. So ließen sich seitenweise Texte herstellen.

Johannes Gutenberg

Obwohl Bi Sheng zuerst mit beweglichen Lettern druckte, gilt Johannes Gutenberg (um 1400–1468) als Erfinder des Buchdrucks. Grund dafür sind die beweglichen Lettern aus Metall. In einer hölzernen Presse druckte er mit ihnen auf Papier und konnte mit dieser Methode innerhalb kurzer Zeit ganze Bücher drucken. Berühmt wurde die 1300 Seiten starke Gutenberg-Bibel, von der heute weltweit noch circa 50 Exemplare existieren.

Eine Seite der berühmten Gutenberg-Bibel

Bildende Kunst

Bildhauerei, Malerei, Zeichnung, Grafik, Fotografie, Baukunst und Kunsthandwerk werden unter dem Begriff Bildende Kunst zusammengefasst. Die Werke sind so verschieden wie die Zeit, in der sie entstanden.

Skulpturen

Figürliche Darstellungen aus Stein, Holz oder Ton gibt es in allen Kulturen. Berühmt sind die großen Statuen der Pharaonen in Ägypten, die Terrakotta-Armee des chinesischen Kaisers sowie die riesigen Steinfiguren, die von den Bewohnern der Osterinseln geschaffen wurden.

Die riesigen Steinfiguren auf den Osterinseln werden Moai genannt.

Der David von Michelangelo

Eine der berühmtesten Skulpturen der Welt ist der David des Malers und Bildhauers Michelangelo (1475–1564). Er wurde aus einem einzigen riesigen Marmorblock geschlagen und ist über fünf Meter hoch. Das Original steht in Florenz.

Fresken

Ein Fresko ist eine Wandmalerei, bei der Farbpigmente auf den feuchten Kalkputz aufgetragen werden. Berühmt sind die Fresken des italienischen Malers und Baumeisters Giotto (1267 oder 1276–1337), auf denen Szenen aus der Bibel zu sehen sind. In Padua und Florenz schmücken sie Kirchen.

Niederländische Malerei

Im 17. Jahrhundert lebten und arbeiten in den Niederlanden rund 700 Maler und pro Jahr entstanden circa 70.000 Gemälde. Das Goldene Zeitalter nannte man diese hundert Jahre, die viele Maler von Weltruhm hervorbrachten. Rembrandt (1606–1669) und Jan Vermeer (1632–1675) sind nur zwei davon.

Romantik

Von 1780 bis 1850 prägten Künstler wie der Brite William Turner (1775–1851) und der Deutsche Caspar David Friedrich (1774–1840) mit sehr emotionalen Bildern die Malerei der Zeit. Die Natur und der Mensch als Individuum spielten in den Gemälden eine bedeutende Rolle.

Zwei Männer, die den Mond betrachten. Gemälde von Caspar David Friedrich (1819/20)

Eine Frau mit Sonnenschirm. Gemälde von Claude Monet (1875)

Impressionismus

Schnell, spontan und unter freiem Himmel malten die Künstler in Paris. Ihr Stil ging später unter dem Namen Impressionismus in die Kunstgeschichte ein. Berühmte Vertreter dieser Kunstrichtung, die sich viel mit der Wirkung von Licht beschäftigte, sind Claude Monet (1840–1926), Edgar Degas (1834–1917) mit seinen Ballettbildern und Paul Cézanne (1839–1906).

Expressionismus

Den Expressionisten ging es nicht um ein realistisches Abbild der Natur, sondern um den Ausdruck von Emotionen und Ideen. Vertreter dieser Stilrichtung malten mit kräftigem Pinselstrich und liebten starke Farbkontraste. Zu ihnen zählten Vincent van Gogh (1853–1890), Franz Marc (1880–1916) und der spanische Maler Pablo Picasso (1881–1973).

Abstrakte Kunst

Um 1910 malten einige Künstler wie Piet Mondrian (1872–1944) völlig gegenstandslos. Die Natur war nicht mehr von Bedeutung, was zählte, waren klare Linien und einfache Formen.

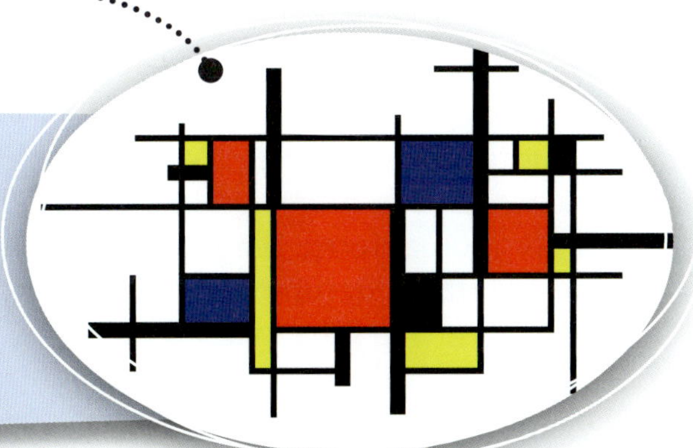

Literatur

Seit Menschen am Feuer zusammensitzen, erzählen sie sich Geschichten. Mit der Erfindung der Schrift wurden diese notiert und es entstanden die ersten Bücher. Die Bandbreite der Themen ist riesig.

1001 Nacht

Die Geschichten aus 1001 Nacht waren ursprünglich für Erwachsene geschrieben und entstanden in Indien und Persien. Im Laufe der Jahrhunderte wurden sie stark verändert. Die heute bekanntesten Erzählungen „Sindbad der Seefahrer" und „Ali Baba und die 40 Räuber" kamen erst im 18. Jahrhundert hinzu.

Isländersagas

Ab dem 13. Jahrhundert entstanden in Island Erzählungen, die auf der Insel und in anderen nordischen Ländern spielen. Sie schildern realistische Ereignisse und berichten von Familienschicksalen, einzelnen Personen, Kriegen und Reisen. Sehr bekannt ist die „Saga vom weisen Njál".

Ritterromane

Das Mittelalter war die Hochzeit der Ritterromane. Furchtlose Ritter, die gefährliche Abenteuer bestehen und edlen Burgfräulein dienen, sind immer wiederkehrende Themen dieser Romanform. Die Werke wurden in Reimen verfasst. Berühmt ist die Sage von König Artus und den Rittern der Tafelrunde.

Märchen der Brüder Grimm

Jakob und Wilhelm Grimm sammelten in der ersten Hälfte des 19. Jahrhunderts in Deutschland viele alte Geschichten, die sich das einfache Volk erzählte. Aus ihnen entstand die Sammlung der Kinder- und Hausmärchen, die ursprünglich gar nicht für Kinder gedacht war. Viele der Erzählungen sind nämlich recht grausam.

„Hänsel und Gretel" gehört zu den bekanntesten Märchen der Brüder Grimm.

Schauerromane

Zahlreiche Gruselgeschichten erschienen in England ab der Mitte des 18. Jahrhunderts. Berühmt wurden „Frankenstein" von Mary Shelley und „Graf Dracula" von Bram Stoker. Frühe deutsche Schauerromane wie „Die Elixiere des Teufels" von E. T. A. Hoffmann wirken dagegen recht harmlos.

Graf Dracula

Science-Fiction

In Jules Vernes Roman „20.000 Meilen unter dem Meer" greift ein Riesenkalmar ein Unterwasserboot an.

Mit der Entwicklung der Wissenschaften tauchte eine neue Literaturgattung auf: Science-Fiction. Die Zukunftsromane beschäftigen sich mit Reisen in bisher unerforschte Gegenden wie die Tiefsee oder das Weltall und mit fremden Zivilisationen wie Außerirdischen. Frühe Meisterwerke dieser Literaturform sind die Romane von Jules Verne (1828–1905).

Kriminal- und Detektivromane

Im 19. Jahrhundert schuf der schottische Autor Sir Arthur Conan Doyle die wohl bekannteste Detektivfigur: Sherlock Holmes. Zusammen mit seinem Gehilfen Dr. Watson löst er komplizierte Fälle und klärt jedes Verbrechen auf. Krimis sind bis heute sehr beliebt.

Architektur

Seit Menschen Hütten bauten und erste Siedlungen bildeten, nutzten sie verschiedene Techniken und Stile für ihre Bauten. Sie unterscheiden sich stark nach Region und Zeitalter.

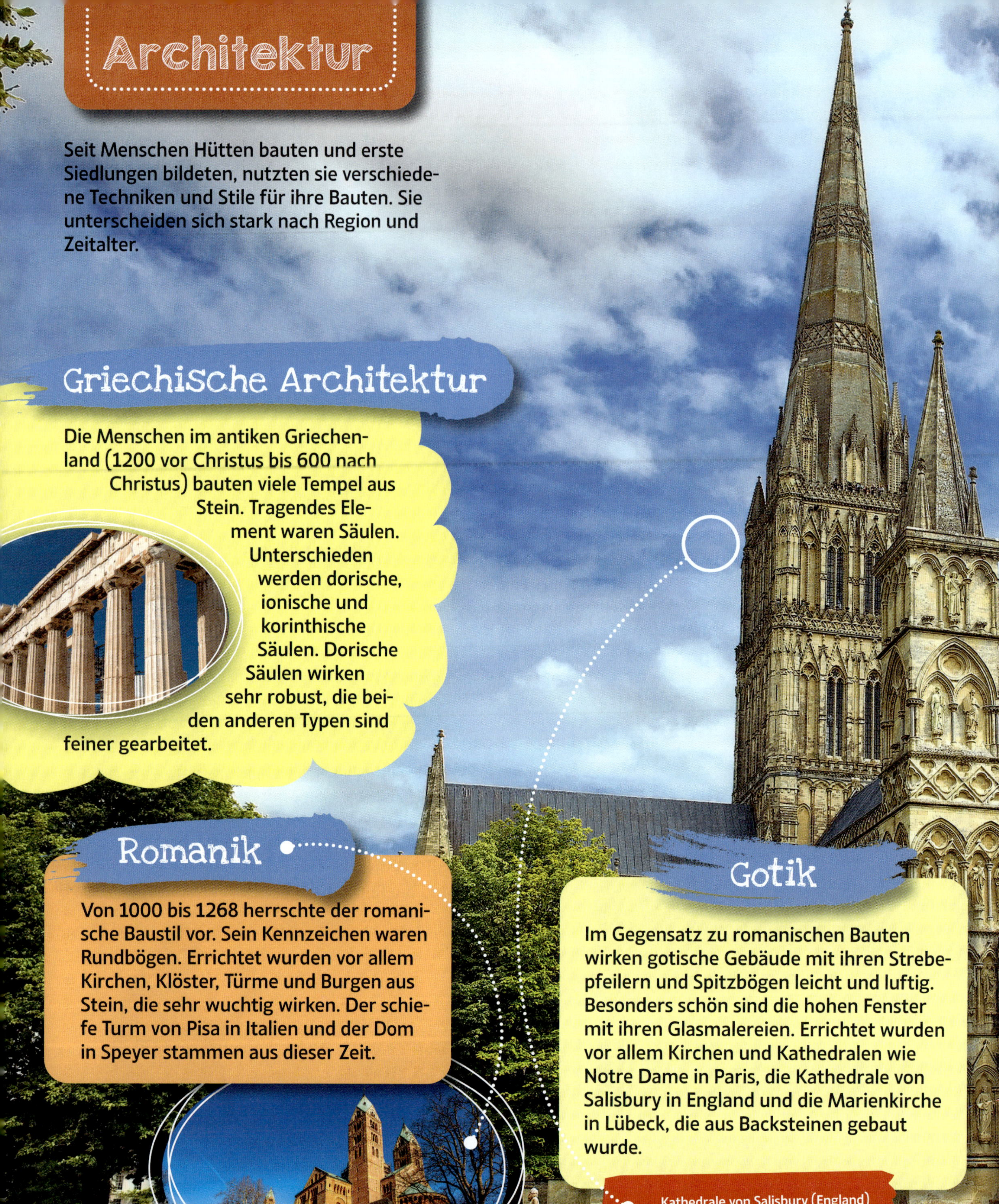

Griechische Architektur

Die Menschen im antiken Griechenland (1200 vor Christus bis 600 nach Christus) bauten viele Tempel aus Stein. Tragendes Element waren Säulen. Unterschieden werden dorische, ionische und korinthische Säulen. Dorische Säulen wirken sehr robust, die beiden anderen Typen sind feiner gearbeitet.

Romanik

Von 1000 bis 1268 herrschte der romanische Baustil vor. Sein Kennzeichen waren Rundbögen. Errichtet wurden vor allem Kirchen, Klöster, Türme und Burgen aus Stein, die sehr wuchtig wirken. Der schiefe Turm von Pisa in Italien und der Dom in Speyer stammen aus dieser Zeit.

Gotik

Im Gegensatz zu romanischen Bauten wirken gotische Gebäude mit ihren Strebepfeilern und Spitzbögen leicht und luftig. Besonders schön sind die hohen Fenster mit ihren Glasmalereien. Errichtet wurden vor allem Kirchen und Kathedralen wie Notre Dame in Paris, die Kathedrale von Salisbury in England und die Marienkirche in Lübeck, die aus Backsteinen gebaut wurde.

Kathedrale von Salisbury (England)

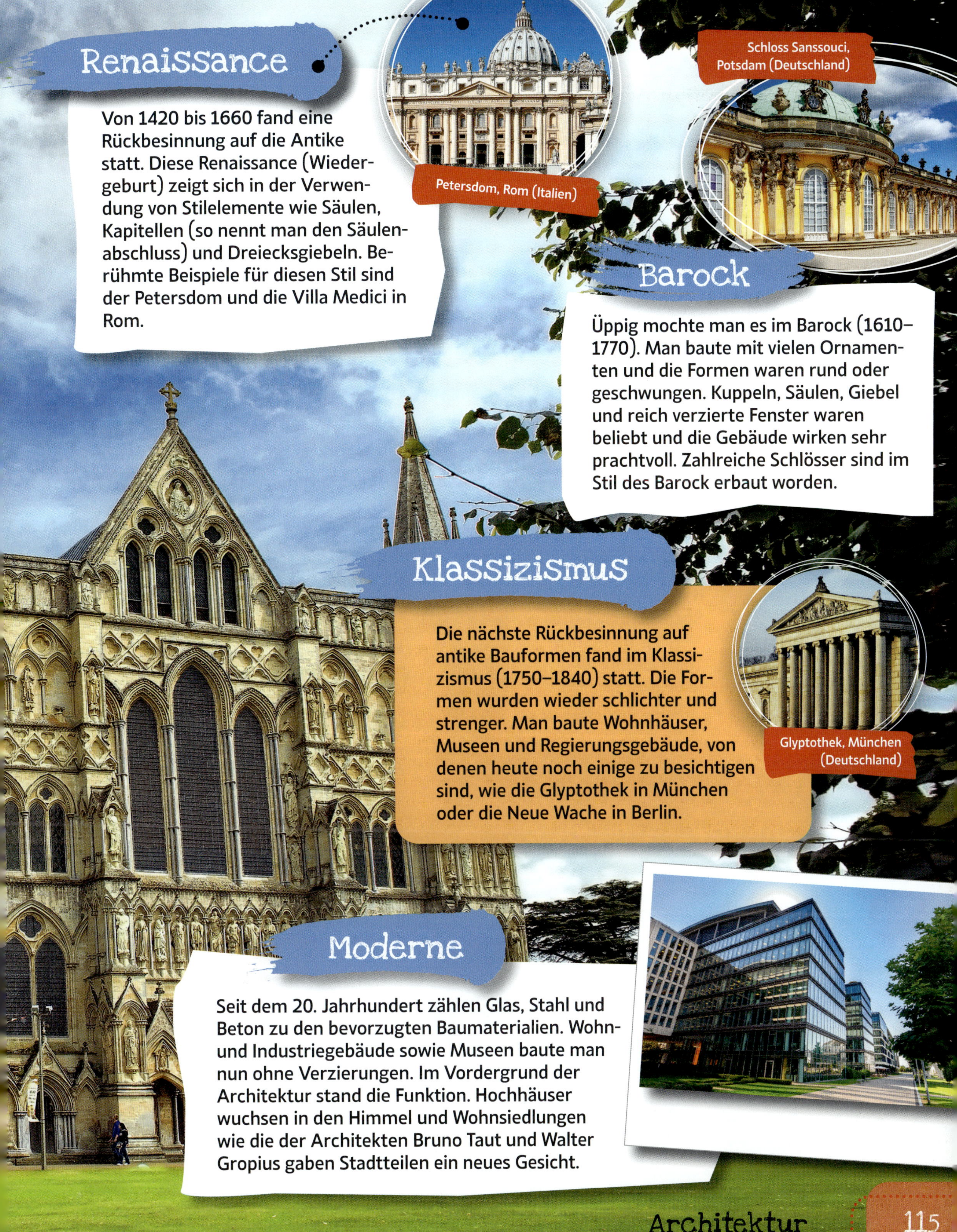

Renaissance

Von 1420 bis 1660 fand eine Rückbesinnung auf die Antike statt. Diese Renaissance (Wiedergeburt) zeigt sich in der Verwendung von Stilelemente wie Säulen, Kapitellen (so nennt man den Säulenabschluss) und Dreiecksgiebeln. Berühmte Beispiele für diesen Stil sind der Petersdom und die Villa Medici in Rom.

Petersdom, Rom (Italien)

Schloss Sanssouci, Potsdam (Deutschland)

Barock

Üppig mochte man es im Barock (1610–1770). Man baute mit vielen Ornamenten und die Formen waren rund oder geschwungen. Kuppeln, Säulen, Giebel und reich verzierte Fenster waren beliebt und die Gebäude wirken sehr prachtvoll. Zahlreiche Schlösser sind im Stil des Barock erbaut worden.

Klassizismus

Die nächste Rückbesinnung auf antike Bauformen fand im Klassizismus (1750–1840) statt. Die Formen wurden wieder schlichter und strenger. Man baute Wohnhäuser, Museen und Regierungsgebäude, von denen heute noch einige zu besichtigen sind, wie die Glyptothek in München oder die Neue Wache in Berlin.

Glyptothek, München (Deutschland)

Moderne

Seit dem 20. Jahrhundert zählen Glas, Stahl und Beton zu den bevorzugten Baumaterialien. Wohn- und Industriegebäude sowie Museen baute man nun ohne Verzierungen. Im Vordergrund der Architektur stand die Funktion. Hochhäuser wuchsen in den Himmel und Wohnsiedlungen wie die der Architekten Bruno Taut und Walter Gropius gaben Stadtteilen ein neues Gesicht.

Musik und Tanz

Musik ist heutzutage allgegenwärtig. Sie läuft im Kaufhaus, im Restaurant, im Radio und auch Werbung oder Spielfilme kommen nicht ohne sie aus. Dabei ist Musik in Europa noch gar nicht so alt. Erst ab dem Mittelalter verbreiteten sich Gesang, Instrumentalmusik und Tanz.

Musik im Mittelalter

In Klöstern wurden religiöse Lieder Bestandteil des Gottesdienstes. Bis zum Jahr 1100 waren sie einstimmig und ohne begleitende Musikinstrumente. Man nennt sie gregorianische Gesänge. Später entwickelte sich der mehrstimmige Gesang und eine Notenschrift wurde erfunden.

Gregorianisches Gesangsbuch

Johann Sebastian Bach (1685–1750)

Er gilt als einer der größten Komponisten des Barock. Typisch für diese Zeit waren dramatische Musikstücke wie Opern und emotionale Passionen, in denen die Leidensgeschichte Jesu Christi vertont wurde. Bach selbst schuf über 1000 berühmte Chor- und Orchesterwerke. Er spielte Orgel und Cembalo und war Vater von zwanzig Kindern.

Ludwig van Beethoven (1770–1827)

Sein berühmtestes Werk ist die 9. Sinfonie mit der „Ode an die Freude“. 1972 wurde sie zur Europahymne erklärt. Beethoven schrieb rund 340 Sinfonien, Klavierkonzerte, Streichquartette sowie eine Oper. Einen Teil seiner Kompositionen konnte er selbst nicht mehr hören, denn mit 48 Jahren war er komplett taub.

Wolfgang Amadeus Mozart (1756-1791)

Mozart galt als „Wunderkind“. Im Alter von vier Jahren begann er mit dem Klavierspiel, mit sechs gab er Konzerte und ging in Begleitung seines Vaters auf Konzertreisen. Mit zwölf komponierte er die erste Oper, viele weitere folgten, darunter „Die Zauberflöte“. Mozarts Musik war sehr vielseitig. Neben Opern schrieb er Stücke für Ballett, Orchester, Klavier und Kirchenmusik.

Clara Schumann (1819-1896)

Clara reiste wie Mozart schon als Kind von Konzert zu Konzert. Sie war eine sehr begabte Pianistin, komponierte aber auch eigene Stücke. Später spielte sie vor allem die Kompositionen ihres Mannes, Robert Schumann, der früh starb. Um ihre acht Kinder zu ernähren, gab sie Konzerte und unterrichtete Musik.

Blues und Jazz

Um 1900 entstand in den USA eine neue Musikrichtung, der Blues. Er wurde von schwarzen Amerikanern erfunden und hatte seine Wurzeln in den Klagegesängen der Sklaven, die auf den Plantagen für die Weißen arbeiten mussten. Aus dem Blues entwickelte sich der Jazz, der ab 1930 auch von weißen Musikern gespielt wurde. Typisch für diesen Stil ist die Improvisation, das heißt, die Musiker spielen spontan und ohne Komposition zusammen.

Rock 'n' Roll

Auch der Rock 'n' Roll hat seinen Ursprung in den USA. Nach dem Zweiten Weltkrieg eroberte die laute und schnelle Gitarren- und Schlagzeugmusik die Herzen eines jungen Publikums. Elvis Presley wurde der Star des Rock 'n' Roll und seine Konzerte zogen Menschenmassen an. Ihm folgten viele weitere „Rocker", die dazu beitrugen, dass sich der Stil weiterentwickelte, zum Beispiel in Richtung Hardrock, Punk und Heavy Metal.

The Beatles

Die britische Popband The Beatles war so beliebt, dass ihre Auftritte zu Massenhysterien führten. Junge Mädchen kreischten, weinten und fielen reihenweise in Ohnmacht. Beatles-Lieder wurden regelmäßig zu Hits und die Platten verkauften sich millionenfach. Wegen ihrer Frisuren nannte man die Band „Die Pilzköpfe".

Madonna

In den 1980er-Jahren wurde die US-amerikanische Sängerin zum Weltstar. Sie steht als erfolgreichste Musikerin der Welt im Guinnessbuch der Rekorde und verkaufte so viele Tonträger wie niemand vor ihr. Deshalb wird sie auch die „Königin der Popmusik" genannt.

Billy Eilish

Die US-amerikanische Sängerin und Songschreiberin wurde 2001 geboren und gewann 2020 bereits die wichtigsten Musikpreise. Sie wird den Titelsong für den James-Bond-Film „Keine Zeit zu sterben" singen und damit die jüngste Bond-Sängerin sein.

Ballett

Ludwig XIV., der „Sonnenkönig", tanzte gerne und gründete 1661 die Königliche Akademie des Tanzes in Paris. Dort wurden Balletttänzer ausgebildet. Zu dieser Zeit tanzten vor allem Männer. Erst 20 Jahre später durften auch Frauen in der Öffentlichkeit das Tanzbein schwingen. 1832 wurde der Spitzentanz erfunden und die Röcke der Frauen wurden so kurz, dass man ihre Füße und Beine sehen konnte.

Walzer

In seinen Anfängen galt der Walzer als unanständig, weil sich Mann und Frau dabei sehr nahe kamen. Es dauerte aber nicht lange, da wiegten sich überall in Europa Paare im Walzerschritt. Er zählt heute zu den Standardtänzen und wird häufig zur Eröffnung eines Balls getanzt.

Tango

Ende des 19. Jahrhunderts kam der Tango aus Argentinien nach Europa und fand schnell Anhänger. Getanzt wird in einer Art Umarmung, bei der sich die Oberkörper berühren. Tango Argentino wird im Ursprungsland bis heute auf der Straße getanzt und kennt keine feste Schrittfolge.

Breakdance

Ab 1972 verbreitete sich der Breakdance von den USA nach Europa und Asien. Der Straßentanz erfordert eine sehr gute Körperbeherrschung und artistisches Können. Er ist Teil der Hip-Hop-Kultur, wird aber auch zu Pop- oder Funk-Musik getanzt.

Theater und Schauspiel

Theater wurde bereits in der Antike gespielt. Man zeigte religiöse Stücke, in denen zunächst nur Männer spielten. Im Laufe der Jahrhunderte nahm die Themenvielfalt zu, die Anzahl der beteiligten Personen wuchs und Theater fand in festen Häusern, den Theatern, statt.

William Shakespeare (1564-1616)

Shakespeare war ein englischer Schauspieler und Schriftsteller. Viele weltberühmte Theaterstücke wie „Romeo und Julia" und „Ein Sommernachtstraum" stammen von ihm. Seine Stücke begeistern auch heute noch die Zuschauer und werden auf allen großen Bühnen der Welt gespielt. Viele wurden sogar verfilmt.

Das antike Drama

Die erste bekannte Tragödie wurde in Griechenland zu Ehren des Weingottes Dionysos aufgeführt. Man spielte auf Marktplätzen und später in Freilichttheatern. Die ersten Darbietungen waren Ein-Mann-Stücke, später präsentierten drei Personen die Geschichte. Da nur Männern das Theaterspielen erlaubt war, übernahmen sie auch die Frauenrollen.

Ein antikes Freilichttheater in Athen (Griechenland)

Theater im Mittelalter

Zur Aufführung kamen Stücke mit religiösem Inhalt. Häufig wurden sie von Geistlichen in lateinischer Sprache vorgetragen, später standen auch Laiendarsteller vor dem Publikum und spielten in der Volkssprache. Beliebt waren die Vorführungen der Schauspieltrupps, die mit Wagen von einem Jahrmarkt zum nächsten fuhren oder auf den Turnierplätzen der Burgen auftraten.

Dichterfreunde: Goethe und Schiller

Johann Wolfgang von Goethe (1749–1832) und Friedrich Schiller (1759–1805) waren Freunde. Beide schrieben zahlreiche Theaterstücke, Gedichte und Romane. Viele von ihnen sind sehr berühmt, wie Goethes Briefroman „Die Leiden des jungen Werthers", eine Geschichte über eine unglückliche Liebe. Sein Meisterwerk ist der „Faust". Das Stück erzählt die Lebensgeschichte des Doktor Faustus, der einen Pakt mit dem Teufel eingeht. Zu Schillers wichtigsten Stücken zählen Dramen wie „Die Räuber" und „Wilhelm Tell".

Ein Denkmal von Goethe und Schiller in Weimar (Deutschland)

Figurentheater

Das Spiel mit Handpuppen und Marionetten gab es schon im Mittelalter. Reisende Puppenspieler zeigten seit dem 16. Jahrhundert auf Märkten ihr Können. Gespielt wurden vor allem lustige Szenen. Erst ab dem 19. Jahrhundert entstanden Stücke, die sich gezielt an Kinder richteten.

Bertolt Brecht (1898–1956)

Bertolt Brecht entwickelte eine neue Form des Schauspiels: das epische Theater. Die Zuschauer sollten nicht unterhalten werden, sondern über das Gesehene nachdenken. Das Bühnenbild war deshalb oft nur angedeutet und lenkte nicht vom Geschehen ab. Seine Dramen übten Kritik an den herrschenden Machtverhältnissen und zeigten Missstände auf. „Die Dreigroschenoper" ist eines seiner bedeutendsten Stücke.

Sport

Sport trieben die Menschen schon in der Steinzeit, das beweisen Höhlenmalereien, auf denen Ringkämpfer zu sehen sind. Später waren es vor allem Ballspiele, mit denen man sich die Zeit vertrieb. Heute gibt es unzählige Sportarten und ständig kommen neue hinzu. Regelmäßig finden internationale Wettkämpfe statt.

Olympische Spiele

Im Jahr 776 vor Christus fanden die ersten Olympischen Spiele der Antike statt. Namensgeber war die griechische Ortschaft Olympia. Viele Sportler reisten an, um an den Wettkämpfen teilzunehmen. Die Spiele trug man alle vier Jahre aus, bis sie im Jahr 394 nach Christus verboten wurden. 1896 fanden die ersten Olympischen Spiele der Neuzeit in Athen statt. Teilnehmen durften bis dahin nur Männer. Vier Jahre später waren zum ersten Mal Frauen beteiligt.

Paralympics

Seit 1960 werden die Paralympics, Olympische Spiele für Menschen mit Behinderungen, ausgetragen. Zuerst nahmen vor allem Rollstuhlsportler teil, später erweiterte sich der Teilnehmerkreis auf Sportler mit einer Amputation sowie Gehörlose und Sehbehinderte.

Boxen

Faustkampf war bereits in der Antike eine olympische Sportart. Im 18. Jahrhundert wurden in England die ersten Regeln für Boxkämpfe aufgestellt. Die Sportler kämpften mit bloßen Fäusten. Erst ab 1867 mussten sie Boxhandschuhe tragen.

Tennis

Eine frühe Version des Tennissports wurde von Mönchen schon im 12. Jahrhundert gespielt. Allerdings gab es noch keine Schläger. Die benutzte man erst in den 1870er-Jahren in England, wo 1877 die erste Tennismeisterschaft ausgetragen wurde. Seit 1884 durften sich auch die Frauen im Wettkampf messen. Zum Spielen trugen sie damals lange Kleider.

Fußball

Keine andere Sportart ist weltweit so beliebt wie Fußball. Die Regeln, nach denen heute gespielt wird, stammen aus der zweiten Hälfte des 19. Jahrhunderts und wurden in England festgelegt. Die britische Insel gilt als Mutterland des Sports, denn dort gründete man 1888 die erste Fußball-Profiliga.

Tour de France

Seit 1903 findet eines der wichtigsten Etappen-Radrennen der Welt, die Tour de France, statt. Die erste Rundfahrt führte in sechs Etappen über eine Distanz von 2428 Kilometern durch Frankreich. Start und Ziel war in Paris.

Reitsport

Sport mit Pferden gibt es seit der Antike. Dort waren es vor allem die Wagenlenker, die mit ihren Fahrkünsten beeindruckten. Heute wird geritten und es gibt unterschiedliche Disziplinen: Dressur, Springen, Jagd-, Distanz- und Westernreiten sowie Polo, ein Ballspiel zu Pferd.

GESCHICHTE

Frühe Geschichte

Die Wiege der Menschen liegt in Afrika. Dort entwickelten sich die frühen Menschen. Vom afrikanischen Kontinent aus eroberten sie die Welt und besiedelten die bewohnbaren Regionen. Aus ihnen wurden in vielen Zwischenstufen die heutigen Menschen.

Altsteinzeit

In der Altsteinzeit erschienen die ersten Menschen, die der Gattung Homo, das bedeutet Mensch, angehörten. Sie stellten Werkzeuge aus Stein her, zum Beispiel Faustkeile, und lebten als Jäger und Sammler. Sie zogen umher, sammelten Beeren und Pilze und ernährten sich von dem, was sie auf der Jagd erbeuteten.

Die Nutzung des Feuers

Die Frühmenschen der Gattung Homo erectus nutzten als Erste das Feuer für sich. Es bot ihnen Licht und Schutz vor gefährlichen Tieren, wärmte sie und gab ihnen die Möglichkeit, Nahrung zuzubereiten. Fleisch mussten sie nun nicht mehr roh essen.

Neandertaler

In der Nähe von Düsseldorf, im Neandertal, fand man 1856 die ersten Knochen dieser Menschenart und nannte sie Neandertaler. Sie lebten in ganz Europa, waren kräftig gebaut und bestatteten ihre Toten. In einigen Gräbern fand man sogar Grabbeigaben. Vor etwa 30.000 Jahren starben sie aus und unsere eigene Art, Homo sapiens genannt, blieb als einzige Menschenart übrig.

Höhlenmalerei

Kunst und Künstler gab es bereits in der Steinzeit. Die Menschen malten Mammuts, Wildpferde und Auerochsen auf Höhlenwände. Einige zeigen auch Menschen und Handabdrücke. Zum Malen benutzte man Holzkohle und Erdfarben.

So könnte Ötzi ausgesehen haben.

Ötzi

1991 fand man in den Ötztaler Alpen einen Toten. Die 5300 Jahre alte Mumie wurde auf den Namen Ötzi getauft und wissenschaftlich untersucht. Der Mann, der am Ende der Jungsteinzeit lebte, hatte Gegenstände zum Jagen und Feuermachen bei sich. Deshalb weiß man heute recht viel über ihn: Er war tätowiert, hatte oft Bauchschmerzen, aß kurz vor seinem Tod Fleisch vom Steinbock und starb vermutlich infolge eines Kampfes.

Hügelgräber

Die Toten bestattete man ab 3500 vor Christus in Hügelgräbern. Sie bestanden aus aufrecht stehenden Steinen, die eine oder mehrere Grabkammern bildeten. Nach der Bestattung wurde ein Erdhügel über der Anlage errichtet.

Bauern und Viehzüchter

In der Jungsteinzeit (5500–2200 vor Christus) wurden die Menschen sesshaft. Sie errichteten Häuser, hielten Vieh und bauten Getreide an. Es entstanden die ersten kleinen Siedlungen mit langen, schmalen Gebäuden, den Langhäusern. Am Bodensee baute man Pfahlbauten, die wie auf Stelzen im Wasser standen.

Das alte Ägypten

Etwa 3000 Jahre vor Christus entstand das alte Ägypten, das von einem Pharao, einer Art König, beherrscht wurde. Die Menschen lebten am Nil und bewirtschafteten das Land, das durch die regelmäßigen Überschwemmungen des Flusses besonders fruchtbar war.

Die Pyramiden

Pyramiden dienten als Grab für einen Pharao. Die Grabkammer wurde im Inneren zum Schutz vor Grabräubern gut versteckt. In Ägypten gibt es noch circa 80 solcher Bauten. Bis heute sind nicht alle ihre Geheimnisse entschlüsselt. Besonders berühmt ist die Cheops-Pyramide, denn sie ist mit 140 Meter Höhe die größte.

Ramses der Große (um 1303-1213 vor Christus)

Ramses der Große wurde mit 25 Jahren Pharao. Er herrschte 65 Jahre lang über Ägypten – so lange wie kein anderer Pharao. Er ließ viele Tempel, eine Stadt und riesige Statuen von sich selbst errichten. Wie andere Herrscher auch hatte er mehrere Frauen. Sie sollen ihm fast hundert Kinder geboren haben. Viele von ihnen hat er überlebt, denn er wurde sehr alt.

Tutanchamun (1343-1325 vor Christus)

Tutanchamun wird auch der Kindkönig genannt. Mit neun Jahren bestieg er den Thron, regierte neun Jahren lang und starb mit 18. Wie andere Pharaonen seiner Zeit bestattete man ihn nicht mehr in einer Pyramide, sondern in einem Felsgrab im Tal der Könige. Es wurde 1922 entdeckt und ist bis heute das einzige, das fast vollständig erhalten und nicht geplündert war.

Nofretete (geboren 1370 vor Christus)

Ihr Name bedeutet „Die Schöne ist gekommen". Nofretete war mit dem Pharao Echnaton verheiratet und beriet ihn wohl auch in Regierungsfragen. Gemeinsam hatten sie sechs Töchter. Wissenschaftler sind sich nicht ganz einig, wie bedeutend Nofretete zur damaligen Zeit war. Bei uns ist sie vor allem wegen ihrer Büste bekannt, die im Ägyptischen Museum in Berlin zu sehen ist.

Der Sphinx

Das Fabelwesen mit Löwenkörper und Menschenkopf bewachte die Pyramiden. Die größte dieser Statuen befindet sich bei Gizeh am Westufer des Nils vor der Pyramide des Pharao Chephren, der sie womöglich auch erbaut hat.

Religion und Glaube

Die alten Ägypter glaubten an viele Götter und an ein Leben nach dem Tod. Ihre Seele sollte in einen gut erhaltenen Körper zurückkehren. Deshalb wurden die Leichen aufwendig behandelt und in Mumien verwandelt. Für das neue Leben wurden dem Toten viele Dinge mit ins Grab gegeben: Lebensmittel, Schmuck, Gold, Möbel, Kleidung, aber auch Brettspiele und Musikinstrumente.

Kulturen in Asien

Asien ist der größte Kontinent der Erde. Die ersten Hochkulturen entstanden entlang der großen Flüsse und besaßen ein Regierungssystem, Gesetze, eine Schriftsprache und eine Rangordnung unter den Einwohnern.

Chinas erster Kaiser

Bevor Ying Zheng (259–210 vor Christus) als erster Kaiser den chinesischen Thron bestieg, war er das Oberhaupt des Staates Zhou. China war zu diesem Zeitpunkt in mehrere Königreiche geteilt, die miteinander im Streit lagen und Kriege ausfochten. Das änderte sich mit Ying Zheng, der sich nun Qin Shihuangdi nannte, was „erster Kaiser" bedeutet. Es gelang ihm, das Reich zu einen. Es bestand rund 2000 Jahre lang.

Die Samurai

Die Samurai waren militärisch ausgebildete Krieger. Ursprünglich sollten sie dem japanischen Kaiser, dem Tenno, dienen. Doch ab Ende des 12. Jahrhunderts wurden sie immer mächtiger und waren die eigentlichen Herrscher des Landes. Die Zeit der Samurai endet mit Beginn der Edo-Zeit im Jahr 1603. Während dieser rund 250 Jahre andauernden Friedenszeit brauchte man die Samurai nicht mehr und sie wandten sich anderen Berufen zu.

Die Terrakotta-Armee

Nach seinem Tod bestattete man Qin Shihuangdi in einer riesigen Grabanlage. Sie wurde 1974 zufällig entdeckt und ist 180 Kilometer lang. In ihr fanden Archäologen bis heute 8000 lebensgroße Soldaten aus Terracotta, das ist gebrannter Ton, sowie unzählige Kutschen, Tiere und nachgebildete Landschaften. Sie sollten den Kaiser ins nächste Leben begleiten.

Die Chinesische Mauer

Qin Shihuangdi befahl im Jahr 214 vor Christus, eine riesige Mauer zu bauen. Sie sollte als Grenzwall dienen und vor Angreifern schützen. 300.000 Menschen wurden zur Arbeit an dem Wall gezwungen, der heute eines der bedeutendsten Bauwerke der Welt ist.

Dschingis Khan (um 1162-1227)

Temüdschin, der sich später Dschingis Khan nannte, vereinte die zerstrittenen Mongolenstämme und schuf ein riesiges Reich. Es erstreckte sich von Korea bis Polen und von China bis Persien. Die Mongolen waren sehr gute Reiter und Bogenschützen. Der Steigbügel ist ihre Erfindung. So hatten sie die Hände beim Reiten frei zum Schießen.

Die Seidenstraße

Eine bedeutende Handelsroute war die Seidenstraße, ein Netz aus verschiedenen Karawanenwegen. Die Hauptroute führte vom Mittelmeerraum über Land bis nach Zentral- und Ostasien. Ihren Namen verdankt sie der Seide, die über diese Route in den Westen kam.

Angkor Wat

Die Tempelanlage im Norden von Kambodscha ist die größte der Welt. Der Khmer-König Suryavarman II. ließ sie im 12. Jahrhundert errichten. 37 Jahre dauerte der Bau, der dem hinduistischen Gott Vishnu gewidmet ist.

Das antike Griechenland

Die erste Hochkultur auf europäischem Boden entstand ab 1600 vor Christus in Griechenland. Die alten Griechen legten den Grundstein für die Wissenschaften, erfanden die Demokratie und prägten nachfolgende Zivilisationen auf den Gebieten der Kunst und Architektur.

Stadtstaaten

Andere Reiche in der Antike umfassten riesige Gebiete, über die ein einziger Mensch herrschte. In Griechenland gab es stattdessen viele unabhängige Stadtstaaten, die Poleis. Zu den größten zählten Athen, Korinth und Sparta. Jede Poleis hatten einen eigenen Herrscher und eine eigene Sprache.

Demokratie

Im 6. Jahrhundert vor Christus führten die Athener eine neue Form der Regierung ein: die Demokratie. Das bedeutet „Herrschaft des Volkes". Die freien Männer des Volkes trafen sich regelmäßig in Volksversammlungen, trugen ihre Anliegen vor und beschlossen neue Gesetze. Unfreie Bürger, also Sklaven, Frauen und Kinder durften nicht teilnehmen. Ihre Meinung spielte keine Rolle.

Jeder freie Mann durfte seine Stimme abgeben. Zum Schluss wurde ausgezählt, welche Farbe häufiger vertreten war.

Die Herstellung von Olivenöl war früher mit großer körperlicher Anstrengung verbunden.

Sklaven

Viele Menschen waren Sklaven. Die meisten kamen als Kriegsgefangene nach Griechenland und mussten dort oft schwere Arbeiten verrichten. Sie hatten keinerlei Rechte, wurden verschleppt und konnten auf Märkten verkauft werden. Die Sklaven „gehörten" ihrem Herrn.

Die Götter

Die Griechen glaubten an Götter. Dazu gehörten zwölf verschiedene Hauptgötter und weitere kleinere Gottheiten. Jeder kleine Stadtstaat hatte zudem seine eigene Schutzgottheit. Die Griechen stellten sich vor, dass die Götter auf dem Olymp wohnten, dem höchsten Berg Griechenlands, und von dort aus die Menschen beobachteten. Der mächtigste Gott war Zeus, er hatte Einfluss auf Blitz und Donner.

In der Darstellung kämpft Zeus gegen böse Kreaturen. Er hält als Waffe einen Blitz in der Hand.

Die Statue zeigt Sokrates.

Philosophie

Philosophie bedeutet „Liebe zur Weisheit". Im antiken Griechenland gab es viele kluge Männer, die mithilfe von Fragen versuchten, die Welt zu verstehen. Sokrates (um 469–399 vor Christus) und sein Schüler Platon (um 428–348 vor Christus) zählten dazu.

Alexander der Große (356-323 vor Christus)

Alexander war König von Makedonien, einem Staat in Griechenland. Im Jahr 334 vor Christus begann er seinen Persienfeldzug. Er schlug viele Schlachten und verlor nie eine. So eroberte er das große Perserreich und dehnte sein eigenes Reich bis nach Indien aus. Auf diesen Feldzügen gründete er zahlreiche Städte, denen er allen seinen Namen gab.

Die Römer

Die Römer schufen ein Reich, das sich von Britannien bis nach Syrien erstreckte und auch noch Teile Nordafrikas umfasste. Zentrum der Macht war Rom, das sich von einer bescheidenen Siedlung zu einer Millionenstadt entwickelte.

Gründung und Niedergang Roms

Einer Legende zufolge soll Rom im Jahr 753 vor Christus dort entstanden sein, wo die ausgesetzten Brüder Romulus und Remus von einem Hirten gefunden wurden. Tatsächlich ist die Stadt aber aus kleinen Siedlungen zusammengewachsen, die sich auf sieben Hügeln befanden. Zunächst war Rom ein Königreich, dann Republik und später regierten Kaiser. Weil das große Gebiet schwer zu lenken war, teilte man es in ein West- und Oströmisches Reich auf. 476 nach Christus ging Westrom unter, während Ostrom als Byzantinisches Reich weiterlebte.

Gaius Julius Caesar (100-44 vor Christus)

Caesar war ein berühmter Feldherr. Er eroberte Gallien und führte gegen die Briten Krieg. Im Jahr 44 vor Christus setzte er durch, dass er zum Diktator, also Alleinherrscher, auf Lebenszeit ernannt wurde. Das verärgerte viele römische Politiker und so ließ man ihn ermorden.

Kaiser Augustus (63 vor Christus-14 nach Christus)

Octavian, der Großneffe von Caesar, wurde 27 vor Christus der erste Kaiser Roms. Er erhielt den Namen Augustus, „der Erhabene“. Während seiner Regierungszeit herrschte Frieden im Land und er ließ viele Tempel und Theater bauen.

Das Kolosseum

Das Kolosseum in Rom gehört zu den berühmtesten Gebäuden der Welt. Es ist das größte Amphitheater, das je gebaut wurde. Etwa 50.000 Menschen passten hinein! Im Kolosseum fanden grausame Kämpfe mit Gladiatoren und Tieren statt, die sich der Kaiser und das Volk zum Zeitvertreib ansahen. Unter der Arena gab es ein System aus Gängen und Tunneln. Über Rampen und Aufzüge konnte man Gladiatoren und wilde Tiere auftauchen oder verschwinden lassen. Außerdem konnte die Arena für Seeschlachten mit Wasser geflutet werden.

Römische Befestigungsanlagen

Die Römer bauten mehrere große Befestigungsanlagen, um sich gegen feindliche Stämme zu verteidigen. Der Hadrianswall befand sich an der schmalsten Stelle der Insel Britannien zwischen Irischer See und Nordsee. Der Wall verlief zwischen den Flüssen Rhein, Main und Donau und war rund 550 Kilometer lang.

Technische Meisterleistungen

Die Römer bauten Wasserleitungen, sogenannte Aquädukte, mit denen sie Trinkwasser in die Städte transportierten. Diese Leitungen verliefen unterirdisch oder über Brücken und waren teilweise mehrere Hundert Kilometer lang. Die Römer erfanden die Fußbodenheizung, die Glasbläserei und bauten öffentliche Toiletten und Bäder.

Die Wikinger

Die Wikinger stammten aus Norwegen, Dänemark und Schweden. Sie waren Bauern, Fischer und handelten mit Waren. Sie waren geschickte Handwerker, erfahrene Seeleute und manche waren Seeräuber. Ihre Raubzüge und Fahrten erstreckten sich bis nach Amerika und ins Schwarze Meer.

Gründung Dublins

Die Wikinger gründeten dort, wo sie mit ihren Schiffen ankamen, häufig Umschlagplätze für ihre Waren. Ein Umschlaglatz ist ein Ort, an dem Waren auf andere Transportmittel geladen werden, zum Beispiel vom Schiff auf Pferdewagen. Im Jahr 800 fielen die Wikinger in Irland ein und errichteten einen befestigten Handelsplatz, der ihnen als Basis für weitere Raubzüge auf der Insel dienen sollte. Aus diesem Ort wurde die Stadt Dublin, die heute Hauptstadt der Republik Irland ist.

Grönland

Das „grüne Land" ist eine Entdeckung von Erik dem Roten. Er war von der fruchtbaren Insel so begeistert, dass er nach seiner Rückkehr in Island Menschen anwarb, um mit ihnen eine Siedlung auf Grönland zu gründen. Das Land bot gute Bedingungen für Bauern und so folgten ihm viele weitere Wikinger.

Langschiffe

Die Wikinger waren die besten Bootsbauer der damaligen Zeit in Europa. Sie bauten sehr schnelle, wendige Schiffe wie das Langschiff, das gerudert und gesegelt werden konnte. Es diente vor allem als Kriegsschiff und hatte bis zu 30 Ruderplätze.

Erik der Rote (um 950–1003)

Erik Thorvaldsson bekam wegen der Farbe seiner Haare und weil Blut an seinen Händen klebte, den Beinamen „der Rote“. In seiner Heimat Island hatte er im Jahr 982 einen Mord begangen und wurde deshalb für drei Jahre verstoßen. Er hatte vier Kinder. Das bekannteste ist Leif Erikson (um 970–um 1020), der als Erster Amerika entdeckte, 500 Jahre vor Christoph Kolumbus.

Ein Monument in Grönland erinnert an Erik den Roten.

Haithabu

Die Stadt im heutigen Schleswig-Holstein war der bedeutendste Handelsplatz der Wikinger im Norden. Die Lage in Nähe der Ostsee und an einem alten Handelsweg war sehr günstig. So entstand dort nicht nur der größte Hafen Nordeuropas, sondern auch eine lebendige Stadt mit bis zu 2000 Bewohnern. Im Jahr 1066 wurde Haithabu von den Slawen angegriffen und geplündert. Die Stadt wurde aufgegeben. Heute befindet sich dort ein großes Freilichtmuseum, in dem die damalige Zeit wieder lebendig wird.

Schiffsbestattungen

Wichtige Persönlichkeiten wurden in einem Schiff beigesetzt. Das ist bekannt, weil mehrere solcher Bootsgräber gefunden wurden. Der wichtigste Fund ist das 22 Meter lange Oseberg-Schiff, in dem zwei Frauen, vermutlich eine Königin mit ihrer Dienerin, begraben waren. Als Grabbeigaben fand man in dem Schiff unter anderem einen vierrädrigen Wagen mit kunstvollen Schnitzereien, hölzerne Truhen, Seide und Bildteppiche.

Das Mittelalter

Das Mittelalter umfasst die Zeitspanne von 500 bis 1500 nach Christus. In Europa lag die Macht in den Händen des Adels und der Kirche. Der größte Teil der Bevölkerung lebte auf dem Land und verdiente seinen Unterhalt als Bauer.

Die Kreuzzüge

Während sich in Europa immer mehr Menschen zum christlichen Glauben bekannten, breitete sich von der Arabischen Halbinsel und Asien der Islam nach Europa aus. Zwischen den Anhängern der beiden Religionen – Christen und Muslimen – kam es zu erbitterten Glaubenskriegen. Papst Urban II. rief im Jahr 1095 zum „heiligen Krieg" gegen die muslimischen Herrscher in Palästina auf. Viele Ritter, aber auch einfache Leute folgten seinem Ruf und gingen auf Kreuzzug.

Mit flammenden Reden wurde versucht, die Menschen für den Kreuzzug zu begeistern.

Karl der Große (747 oder 748–814)

Karl der Große war König des Frankenreiches. Er führte viele Feldzüge, eroberte weitere Länder und wurde so zum mächtigsten Herrscher seiner Zeit. Im Jahr 800 ließ er sich zum Römischen Kaiser krönen und regierte sein großes Reich, das fast ganz Westeuropa umfasste, bis zu seinem Tod.

Die Pest

In den Jahren 1347 bis 1352 wütete der „Schwarze Tod", die Pest, in Europa. Innerhalb kürzester Zeit bekamen die Erkrankten Fieber und es bildeten sich schwarze Eiterbeulen am ganzen Körper. Gegen die Pest half keine Medizin und die Ärzte waren machtlos. Ein Drittel der Bevölkerung Europas starb an der Krankheit, die mit Ratten auf Handelsschiffen ins Land gekommen war.

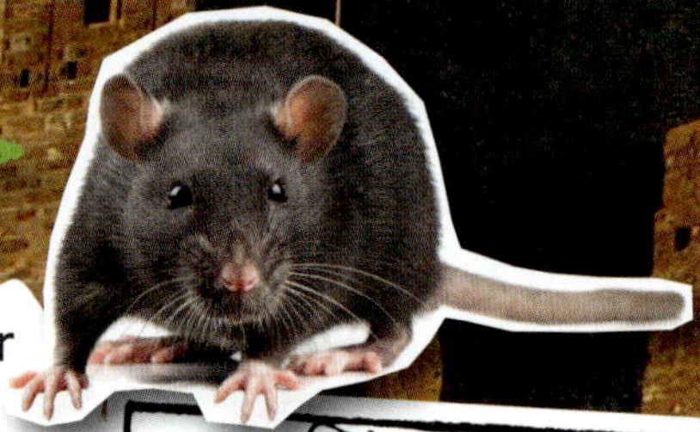

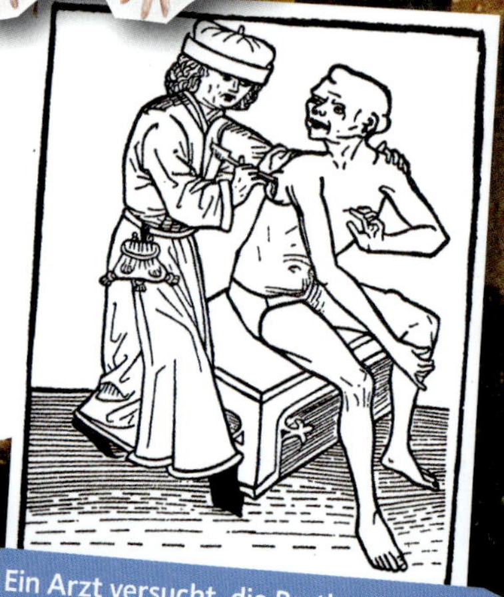

Ein Arzt versucht, die Pestbeule eines Erkrankten zu behandeln.

Ritter

Ritter waren berittene Krieger, das heißt, sie kämpften hoch zu Pferd. Im Alter von sieben bis zehn Jahren begann die Ritterausbildung der adeligen Jungen. Sie lernten Reiten, Bogenschießen und Faustkampf, aber auch gutes Benehmen. Ungefähr zwölf Jahre dauerte die Ausbildung. Wenn es gerade keinen Krieg gab, fanden Turniere statt, auf denen die Ritter ihren Mut und ihre Geschicklichkeit beweisen konnten.

Jeanne d'Arc (ca. 1412-1431)

Die französische Bauerntochter, die sich selbst Jungfrau von Orleans nannte, hatte Visionen, in denen Engel erschienen und ihr befahlen, ihr Land von den Engländern zu befreien. Jeanne zog in einer Ritterrüstung in die Schlacht und verhalf den Franzosen zum Sieg. Später nahm man sie gefangen und die Engländer verurteilten sie zum Tod auf dem Scheiterhaufen. 1920 sprach die Kirche sie heilig.

Hexenverfolgung

Viele Menschen im Mittelalter glaubten an Hexen und den Teufel. Fiel eine Ernte aus oder starb eine Kuh, suchte man einen Schuldigen. Man fand ihn in den Frauen, denen man vorwarf, Hexen zu sein. Sie wurden zum Tode verurteilt und auf dem Scheiterhaufen verbrannt.

Inka und Azteken

Die mexikanische Flagge zeigt den Adler, der auf einem Kaktus sitzt und eine Schlange verspeist.

Im 14. und 15. Jahrhundert lebten in Mittel- und Südamerika die Azteken und Inka. Die Hochkulturen errichteten Städte und schufen beeindruckende Bauwerke, hatten eine Schrift und beteten Götter an. Ihre Kulturen starben aus, als europäische Eroberer ihr Land besetzten.

Wie Tenochtitlan entstand

Die Azteken beherrschten von 1325 bis 1521 große Teile Zentralmexikos. Der Legende zufolge bauten sie ihre Hauptstadt Tenochtitlan an der Stelle, wo ein Adler auf einem Kaktus saß und eine Schlange fraß. Sie nahmen dieses Ereignis als Zeichen und bauten die Stadt auf einer Insel im Texcoco-Salzsee. Rund 300.000 Einwohner lebten dort. Nach der Eroberung durch die Spanier wurde der See trockengelegt, Tenochtitlan zerstört und auf den Ruinen Mexiko-Stadt, die heutige Hauptstadt Mexikos, errichtet.

Im Vordergrund sind die Ruinen von Tenochtitlan zu sehen, im Hintergrund Mexiko-Stadt.

Die Azteken besaßen einen Kalender, der sich nach der Sonne richtete und für dessen Entschlüsselung spätere Kulturen lange gebraucht haben.

Montezuma II. (um 1465-1520)

Von 1502 bis zu seinem Tod herrschte Montezuma II. über das Aztekenreich und baute seine Macht immer weiter aus. Als die Spanier ankamen, trat er ihnen freundlich entgegen und behandelte sie wie Gäste. Die Eroberer nahmen ihn gefangen. Sein Ende fand er jedoch durch das eigene Volk, das ihn verdächtigte, mit den Spaniern gemeinsame Sache zu machen, und ihn dafür steinigte.

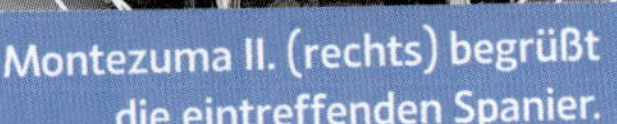

Montezuma II. (rechts) begrüßt die eintreffenden Spanier.

Das Reich der Inka

Die Inka herrschten vom 13. bis zum 16. Jahrhundert über ein Reich, das sich über mehr als 4000 Kilometer erstreckte. Es reichte vom Norden Ecuadors bis nach Chile. Die Hauptstadt hieß Cuzco. 200.000 Menschen sollen dort gelebt haben. Die Inka bauten Straßen, die sich von Nord nach Süd durch ihr ganzes Reich zogen. Sie legten Terrassenfelder an, um die steilen Hänge des Gebirges landwirtschaftlich zu nutzen, und bauten Hängebrücken, um die tiefen Schluchten zu queren. 1532 eroberte der Spanier Francisco Pizarro das Reich und löschte ihre Kultur aus.

Atahualpa (um 1500–1533) war der letzte Herrscher des Inkareichs.

Machu Picchu

Die legendäre Inka-Siedlung Machu Picchu befindet sich in 2430 Meter Höhe auf einem Bergrücken in Peru. Sie wurde im 15. Jahrhundert erbaut und später von den Inka verlassen. Lange Zeit geriet sie in Vergessenheit. Erst 1911 entdeckte sie der amerikanische Historiker Hiram Bingham. Heute ist sie ein beliebtes Ziel für Touristen.

Die Knotenschrift

Die Inka „schrieben" mithilfe von Knoten. An einer Hauptschnur hingen weitere Schnüre, in die verschiedene Knoten geknüpft wurden. Jeder von ihnen hatte eine Bedeutung und wichtige Informationen wurden so festgehalten. Die Knotenschrift hieß Quipu.

Neuzeit: Amerikanische Geschichte

Die Neuzeit ist nach dem Altertum und dem Mittelalter die dritte große Epoche der Menschheitsgeschichte. Sie beginnt um 1500 und dauert bis heute an. In diesen über 500 Jahren hat sich die Welt stark verändert. Bahnbrechende Erfindungen wurden gemacht, Herrschaftsverhältnisse haben sich gewandelt und weltweit wurden Kriege geführt.

Die Entdeckung Amerikas

Am 12. Oktober 1492 betrat der italienische Seefahrer Christoph Kolumbus (1451–1506) amerikanischen Boden. Er hatte den Seeweg nach Indien gesucht und nannte die Einwohner im Glauben, in Indien zu sein, Indianer. Er unternahm noch zwei weitere Reisen nach Mittel- und Südamerika. Bis zu seinem Tod wusste er nicht, dass er in Wirklichkeit in Amerika gewesen war.

Sklaverei

Nach der „Entdeckung“ Amerikas zwangen die neuen Siedler die Ureinwohner, für sie zu arbeiten. Als die Arbeitskräfte knapp wurden, verschleppten sie Hunderttausende Afrikaner nach Amerika, die für sie auf den Plantagen und in den Bergwerken arbeiten mussten. Sklaven hatten keine Rechte und wurden wie eine Ware behandelt. Präsident Abraham Lincoln (1809–1865) schaffte 1862 den Sklavenhandel offiziell ab. Benachteiligt wurden die Schwarzen weiterhin.

Unabhängigkeitserklärung

Immer mehr Europäer kamen nach Amerika, eroberten Gebiete und bildeten Kolonien. Diese Kolonien kämpften dafür, ein eigenes Land zu werden und nicht mehr von Großbritannien abhängig zu sein. Am 4. Juli 1776 unterzeichneten sie eine Unabhängigkeitserklärung. Der 4. Juli, der Unabhängigkeitstag, ist seitdem ein Feiertag in den USA.

George Washington (1732-1799)

George Washington war Oberbefehlshaber der Armee, die den Unabhängigkeitskrieg gewann. Die ehemals britischen Kolonien wurden zu den Vereinigten Staaten von Amerika und Washington ihr erster Präsident. Ihm zu Ehren erhielt die neue Hauptstadt seinen Namen.

Amerikanischer Bürgerkrieg (1861-1865)

Im Jahr 1861 traten elf Südstaaten aus dem Verbund der Vereinigten Staaten aus. Grund dafür waren unterschiedliche Auffassungen in Bezug auf die Sklaverei. Ein Bürgerkrieg brach aus, in dem die Nord- gegen die Südstaaten kämpften. Der Norden gewann und die Sklaverei wurde abgeschafft.

Der Untergang der indianischen Kulturen

Die Siedler drängten die Ureinwohner Amerikas immer weiter zurück, rotteten sie aus oder schoben sie in Reservate ab. Gegen die Gewehre und Kanonen der Siedler waren die Ureinwohner machtlos, ihre Waffen waren Pfeil und Bogen. Hinzu kam, dass sie keine Abwehrkräfte und Medizin gegen die Krankheiten hatten, die die Europäer mitbrachten – sie steckten sich an und starben daran.

Frankreich und Russland

Französische Revolution (1789-1799)

In Frankreich herrschte 1789 König Ludwig XVI. Während es dem Adel und der Kirche an nichts mangelte, lebte das Volk in Armut. Es fordert mehr Rechte für sich ein, doch der König lehnte ab. Da reichte es dem Volk: Bauern, Handwerker und selbst Marktfrauen forderten „Freiheit, Gleichheit, Brüderlichkeit". Diese Forderung wurde während der folgenden blutigen Kämpfe zum Leitspruch der Revolution.

König Ludwig XVI.

Sturm auf die Bastille

Die Bastille, ein befestigtes Gefängnis in Paris, wurde am 14. Juli 1789 von wütenden Bürgern der Stadt gestürmt. Auch Soldaten des Königs beteiligten sich an der Befreiung der Insassen und der Plünderung des Munitionslagers. Dieses Ereignis gilt als der Beginn der französischen Revolution. In Frankreich ist der 14. Juli Nationalfeiertag.

Die Erklärung der Menschen- und Bürgerrechte

Am 26. August 1789 einigte sich die Nationalversammlung auf eine Erklärung der Menschen- und Bürgerrechte. Darin heißt es unter anderem: „Die Menschen werden frei und gleich an Rechten geboren und bleiben es." Die Erklärung wurde später die Einleitung der französischen Verfassung und gilt bis heute als Meilenstein in der Geschichte der Menschenrechte.

Das Gemälde „Freiheit führt das Volk an" von Delacroix (1830) ist zum Symbol der französischen Revolution geworden.

Napoleon Bonaparte (1769-1821)

Napoleon kämpfte als General auf Seiten der Revolutionäre. Nachdem die Regierung gestürzt war, wählte man Napoleon zum Konsul. Dieses Ereignis markiert das Ende der Revolution. 1804 krönte er sich selbst zum Kaiser.

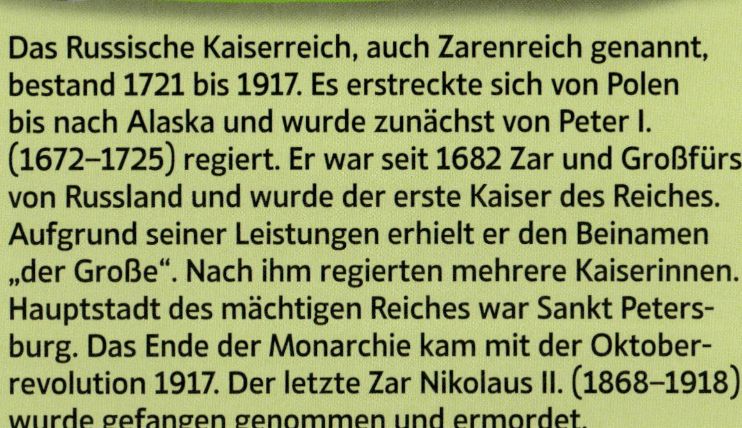

Das russische Kaiserreich

Das Russische Kaiserreich, auch Zarenreich genannt, bestand 1721 bis 1917. Es erstreckte sich von Polen bis nach Alaska und wurde zunächst von Peter I. (1672–1725) regiert. Er war seit 1682 Zar und Großfürst von Russland und wurde der erste Kaiser des Reiches. Aufgrund seiner Leistungen erhielt er den Beinamen „der Große". Nach ihm regierten mehrere Kaiserinnen. Hauptstadt des mächtigen Reiches war Sankt Petersburg. Das Ende der Monarchie kam mit der Oktoberrevolution 1917. Der letzte Zar Nikolaus II. (1868–1918) wurde gefangen genommen und ermordet.

Katharina die Große (1729-1796)

Katharina die Große musste im Alter von 16 Jahren den russischen Thronfolger Großfürst Peter III. heiraten, der später Zar wurde. Nach dem Tod ihres Mannes krönte man sie zur Zarin. Sie regierte das Reich 34 Jahre lang. Als einzige Herrscherin erhielt sie den Beinamen „die Große".

Erster Weltkrieg

Das Attentat von Sarajewo

Am 28. Juni 1914 wurde der Thronfolger Österreich-Ungarns, Erzherzog Franz Ferdinand, von einem serbischen Studenten ermordet. Dieses Ereignis löste den Ersten Weltkrieg aus. Österreich-Ungarn erklärte Serbien den Krieg. Er dauerte vier Jahre und breitete sich rasch über die gesamte Welt aus. Am 11. November 1918 wurde er mit einem Waffenstillstandsabkommen beendet.

Erzherzog Franz Ferdinand und seine Ehefrau, Erzherzogin Sophie

Die Verbündeten

Deutschland kämpfte an der Seite Österreich-Ungarns, der Türkei und Bulgariens. Ihnen gegenüber standen die Verbündeten Frankreich, Großbritannien, Russland, Belgien, Serbien, Griechenland, Rumänien, Italien und später auch die USA und Japan.

Grabenkrieg und Giftgas

Die Soldaten bauten kilometerlange Schützengräben, aus denen heraus sie die gegnerische Seite bombardierten. Keiner Seite gelang es vorzurücken. Erstmals kam auch Giftgas zum Einsatz. Die Deutschen setzen es 1915 gegen die Franzosen ein und töteten damit 1200 Soldaten.

Deutsche Soldaten im Schützengraben

Unzählige Kreuze markieren die Gräber der Soldaten, die bei der Schlacht um Verdun ums Leben kamen.

Schlacht um Verdun

Die verheerendste Schlacht des Krieges tobte 1916 nahe der französischen Stadt Verdun. Deutsche und Franzosen lieferten sich über Monate einen erbitterten Kampf, bei dem 300.000 Soldaten ums Leben kamen, ohne dass eine Seite einen Landgewinn davontragen konnte.

Zweiter Weltkrieg

Überfall auf Polen

Am 1. September 1939 überfiel Deutschland sein Nachbarland Polen, ohne dass es zuvor eine Kriegserklärung gegeben hatte. Frankreich und Großbritannien forderten den Abzug der Truppen und erklärten Deutschland zwei Tage später den Krieg, weil ihre Forderung nicht erfüllt wurde. Damit hatte der Zweite Weltkrieg begonnen.

Blitzkrieg

Innerhalb eines Jahres nach Kriegsbeginn marschierten deutsche Truppen in vielen weiteren europäischen Ländern ein und besetzten sie. Zu ihnen zählten Dänemark, Norwegen, die Niederlande, Belgien, Luxemburg und Frankreich. Die Machtgier des Diktators Hitler fand damit aber kein Ende und er griff auch Großbritannien an. Die Briten setzten sich erfolgreich zur Wehr, doch die massiven Luftangriffe hatten viele Menschenleben gekostet.

Adolf Hitler (1889-1945)

1933 kam Adolf Hitler in Deutschland an die Macht und regierte erst als Reichskanzler und später als Diktator, also als Alleinherrscher. Er war Anführer der Nationalsozialistischen Deutschen Arbeiterpartei (NSDAP) und nannte sich „Führer". Hitler war der Überzeugung, dass es gute und schlechte Menschenrassen gäbe und die schlechten ausgerottet werden müssten. Er stürzte die Welt in den Krieg und beging Selbstmord, als Deutschland den Krieg verlor.

Holocaust

Hitler wollte die Juden vernichten. Er sperrte sie in Ghettos, wo die jüdische Bevölkerung abgetrennt von der übrigen Bevölkerung lebte, und ließ sie in Konzentrationslagern umbringen. Diese systematische Vernichtung nennt man den Holocaust. Mehr als sechs Millionen Juden starben in den Lagern, das war ein Drittel der jüdischen Bevölkerung weltweit.

In den Konzentrationslagern lebten und starben die Menschen unter schlimmsten Bedingungen.

Der Widerstand

Sophie Scholl (1921–1943)

Nicht alle Menschen waren mit Hitlers Vorgehen einverstanden. Sie wehrten sich, indem sie Juden vor den Nationalsozialisten versteckten oder offen zum Widerstand gegen Hitler aufriefen. Zu ihnen gehörten die Geschwister Hans und Sophie Scholl, die Flugblätter verteilten, um auf die Gräueltaten aufmerksam zu machen. Dabei wurden sie verhaftet und kurz darauf zum Tode verurteilt. Auch hohe Offiziere wie Claus Schenk Graf von Stauffenberg waren nicht mit Hitlers Taten einverstanden und verübten Attentate auf ihn, allerdings ohne Erfolg.

Anne Frank (1929–1945)

Zusammen mit ihrer Familie versteckte sich die Jüdin Anne zwei Jahre in einem Hinterhaus in Amsterdam vor den Nationalsozialisten. Dort schrieb sie Tagebuch und hielt ihre Gedanken fest. Die Familie wurde entdeckt und Anne starb kurz vor Kriegsende im Konzentrationslager Bergen-Belsen. Ihr Tagebuch wurde nach dem Krieg veröffentlicht und später weltberühmt.

Nach 1945

Die Besatzungszonen

Nach dem Zweiten Weltkrieg wurde Deutschland von den Siegerländern USA, Großbritannien, Sowjetunion und Frankreich in vier Zonen geteilt: die Besatzungszonen. In ihnen bestimmte die jeweilige Siegermacht die Politik. Die Hauptstadt Berlin lag in der sowjetischen Zone, wurde aber ebenfalls unter den vier Siegermächten aufgeteilt.

Kalter Krieg

Die beiden Großmächte USA und UdSSR (Union der Sozialistischen Sowjetrepubliken) hatten sehr unterschiedliche Meinungen, was nach dem Zweiten Weltkrieg zu großen Spannungen zwischen dem Westen und dem Osten führte. Man drohte sich gegenseitig und häufte Waffen an. Es kam aber nicht zum Einsatz der Waffen – daher stammt der Begriff „Kalter“ Krieg. Der Kalte Krieg endete mit der Auflösung der Sowjetunion im Jahr 1991.

Berlin-Blockade

Um den Kindern eine Freude zu machen, warfen die Piloten manchmal Süßigkeiten aus dem Flugzeug, die an kleine Taschentuch-Fallschirme festgeknotet waren.

1948 sperrte die UdSSR die Wasser- und Landverbindungen nach West-Berlin und schnitt die Stadt so von der Versorgung mit lebenswichtigen Gütern ab. Die USA und die Briten richteten daraufhin eine „Luftbrücke“ ein und versorgten die Berliner aus der Luft.

Mauerbau

Am 13. August 1962 begann die DDR (Deutsche Demokratische Republik) mit dem Bau einer Mauer quer durch Berlin. Sie sollte verhindern, dass immer mehr DDR-Bürger in den Westteil der Stadt flüchteten. Die Mauer trennte die beiden deutschen Staaten bis zum 9. November 1989 voneinander.

WELTRAUM

Sterne

„Weißt du, wie viel Sternlein stehen an dem blauen Himmelszelt?“ Sicher kennst du das Kinderlied. Wie viele Sterne sind es aber wirklich? Und was ist überhaupt ein Stern? Du darfst gespannt sein.

Ein Stern – was ist das?

In einer klaren Nacht siehst du am Himmel scheinbar unendlich viele leuchtende Punkte. Unendlich viele? Nein, mit bloßem Auge kannst du ungefähr 4000 Sterne sehen. Mit einem Teleskop, einem speziellen Vergrößerungsgerät, sind es sogar mehrere Millionen.

Die Sonne

Einen Stern kennst du besonders gut: die Sonne. Sie scheint nur deshalb viel größer und heller, weil der Abstand zwischen Sonne und Erde kürzer ist als der Abstand der Erde zu anderen Sternen. All die anderen Leuchtpunkte am Nachthimmel sind ebenfalls Sonnen. Sie bestehen hauptsächlich aus den beiden Gasen Wasserstoff und Helium. Sterne entstehen, wenn diese beiden Gase und Staub, der im All „herumfliegt“, ganz stark zusammengedrückt werden. Ist der Druck groß genug, werden Licht und Wärme freigesetzt. Das kannst du als Leuchten am Himmel sehen.

Farbige Sterne

Wenn du genau hinguckst, siehst du, dass Sterne verschiedene Farben haben. Sie verraten dir, wie heiß die Oberfläche des Sterns ist. Rot entspricht einer Temperatur von „nur“ ungefähr 3000, Blau dagegen von circa 35.000 Grad Celsius!

Galaxien

Überall im Weltall befinden sich also unzählige Sterne beziehungsweise Sonnen. Viele Sonnen mit Gas und Staub drumherum bilden Gruppen, sogenannte Galaxien. Diese werden von einer Kraft zusammengehalten, die Gravitation heißt.

Die Schwerkraft

Wenn dir ein Stift aus der Hand rutscht, fällt er auf den Boden. Aber hast du mal Astronauten im Weltall gesehen? Lassen sie etwas los, fliegt es durch die Gegend. Das liegt daran, dass Massen sich gegenseitig anziehen. Je größer eine Masse ist, desto größer die Schwerkraft oder Gravitation. Unsere Erde hat eine große Masse, deshalb zieht sie den Stift, der uns aus der Hand fällt, stark an. Im Weltall ist der Abstand zur Erde viel größer und die Gravitationskraft daher praktisch nicht mehr spürbar. Man sagt, die Astronauten befinden sich in der Schwerelosigkeit.

Die Schwerelosigkeit

Die absolute Schwerelosigkeit gibt es aber auch im Weltall nicht. Die Sterne mit ihren großen Massen ziehen sich trotz ihrer großen Entfernung zueinander gegenseitig so gleichmäßig an, dass sie immer den gleichen Abstand zueinander haben. Forscher glauben, dass es Milliarden solcher Galaxien gibt.

Die Milchstraße

Die Galaxie, zu der unsere Sonne gehört, heißt Milchstraße. Das kommt daher, dass die dicht gedrängten Sonnen mit dem Gas dazwischen an unserem Nachthimmel wie milchiger Nebel aussehen. Schon die alten Griechen meinten, verschüttete Milch zu sehen, wenn sie nach oben schauten. Von ihnen stammt der Begriff Galaxie. Galaxías ist Altgriechisch und bedeutet „Milchstraße". Kompliziert? Merk dir einfach, dass Ansammlungen von Sternen Galaxien genannt werden.

Die Bewegung der Himmelskörper

Unsere Erde ist kein Stern, sondern ein Planet. Was das genau ist, erfährst du im nächsten Kapitel. Sie dreht sich um sich selbst. Gleichzeitig kreist sie um die Sonne. Die Erde ist also immer ganz schön in Bewegung. Auch die Sterne am Nachthimmel stehen nicht immer an der gleichen Stelle.

Bewegen sich die Sterne auch?

Würdest du eine Stunde lang in den Himmel starren, hätten die Sterne am Ende der Stunde eine andere Position als am Anfang. Sie scheinen von Osten nach Westen gewandert zu sein. In Wirklichkeit sind sie aber an ihrem Platz geblieben. Du siehst die Leuchtpunkte an einer anderen Stelle, weil sich die Erde in der Zwischenzeit gedreht hat. Übrigens ist das bei den Planeten oder dem Mond anders. Sie ziehen tatsächlich ständig ihre Kreise.

Der Orionnebel

Also bewegen sich Sterne in Wirklichkeit gar nicht?

Doch, sie kreisen um den Mittelpunkt der Milchstraße. Sie sind aber so weit von uns weg und bewegen sich so langsam, dass du es nicht erkennen könntest, selbst wenn du dein ganzes Leben lang nur einen Stern im Auge behalten würdest. Wenn du im Auto sitzt und hinausguckst, sieht es aus, als würden sich die Bäume und Häuser bewegen. Dabei stehen sie still. So ist es auch mit der Bewegung der Sterne am Nachthimmel.

Lichtjahre

Ein Jahr ist eine Zeiteinheit, das weißt du. Ein Lichtjahr ist dagegen eine Einheit für eine Länge. Diese Einheit haben Wissenschaftler festgelegt, weil die Entfernungen im Weltall so unvorstellbar gigantisch sind. Keine Zahl wäre groß genug, um sie in Metern oder auch nur in Kilometern anzugeben.

Ein Lichtjahr ist die Strecke, die das Licht in einem Jahr zurücklegt. Das, was du als Licht kennst, sind eigentlich Wellen. Sie brauchen eine bestimmte Zeit, zum Beispiel für den Weg von einer Lampe bis zu deinem Auge. Dabei ist Licht unfassbar schnell. In nur einer Sekunde schafft es 300.000 Kilometer! Das bedeutet, es könnte innerhalb von einer Sekunde siebeneinhalbmal um die Erde sausen.

Ein Jahr hat 31.536.000 Sekunden. Multiplizierst du die mit den 300.000 Kilometern, die das Licht pro Sekunde zurücklegt, kommst du auf 9,46 Billionen Kilometer. Dies entspricht der Entfernung eines Lichtjahres. Es gibt auch Lichttage (25,9 Milliarden Kilometer), Lichtstunden (1,08 Milliarden Kilometer) und Lichtminuten (18 Millionen Kilometer).

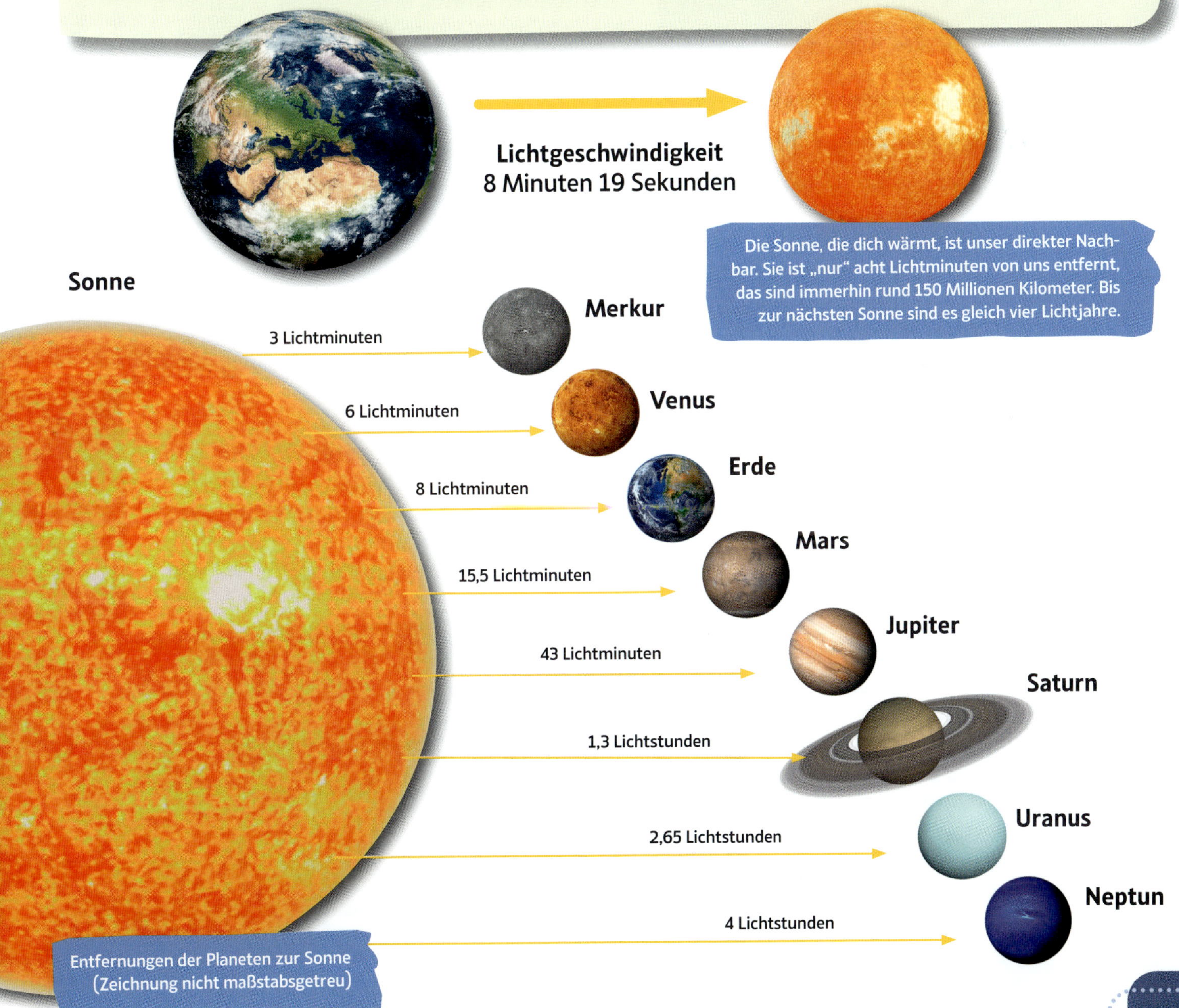

Die Sonne, die dich wärmt, ist unser direkter Nachbar. Sie ist „nur" acht Lichtminuten von uns entfernt, das sind immerhin rund 150 Millionen Kilometer. Bis zur nächsten Sonne sind es gleich vier Lichtjahre.

Entfernungen der Planeten zur Sonne (Zeichnung nicht maßstabsgetreu)

Sternbilder

Kennst du den Großen Wagen? Oder hast du schon einmal von Pegasus und Andromeda gehört? Das sind alles Sternbilder. Insgesamt sind 88 solcher Bilder von der Internationalen Astronomischen Union offiziell anerkannt. Das ist eine weltweite Vereinigung von Forschern, die sich intensiv mit dem Himmel, den Sternen und den Planeten beschäftigt. Aber was ist eigentlich ein Sternbild? Es ist eine Form, die sich ergeben würde, wenn du einige der blinkenden Punkte am Himmel mit Strichen verbinden würdest. Von der Erde sieht es aus, als würden einige besonders helle Sterne bestimmte unveränderliche Formen bilden. Schon vor Hunderten von Jahren haben die Menschen solche Formen am Himmel entdeckt.

Sterne als Navigationssystem

Du weißt, dass es durch die Drehung der Erde so scheint, als würden sich die Sterne bewegen. Das ist bei den Sternbildern natürlich auch so. Zu jeder Jahreszeit erblickst du unterschiedliche Bereiche des Universums. Einige Bereiche sind aber immer zu sehen. Wenn du auf der Nordhalbkugel lebst und die dort immer sichtbaren Sternbilder kennst, helfen sie dir tatsächlich bei der Orientierung. Dafür musst du allerdings wissen, an welcher Stelle des Himmels sie zu welcher Tages- und Jahreszeit stehen. An den Positionen der Sternbilder kannst du dann die Himmelsrichtung ablesen.

Tierkreiszeichen

Du weißt vielleicht, dass du in einem Tierkreiszeichen geboren bist. Ein anderes Wort für Tierkreiszeichen ist Sternzeichen. Das liegt daran, dass diese Zeichen bestimmten Sternbildern zugeordnet sind. Die Sonne hat eigentlich einen festen Platz zwischen den anderen Sternen. Aufgrund der Bewegung der Erde, die die Sonne in einem Jahr einmal umkreist, verändert sich die Position der Sonne im Verhältnis zu den Sternen für uns Menschen aber. Vereinfacht gesagt, musst du die Bahn, die die Sonne scheinbar während eines Jahres über den Sternhimmel zieht, in zwölf Teile teilen. In jedem Teil würdest du ein Sternbild der Tierkreiszeichen entdecken. Zwischen dem 21. Januar und dem 19. Februar steht die Sonne beispielsweise im Sternbild Wassermann. Das ist also dein Sternzeichen, wenn du in dieser Zeit geboren bist.

Anderes Land, andere Tierkreiszeichen

Nicht überall auf der Welt kennen die Menschen die gleichen Tierkreiszeichen. In China zum Beispiel kann jemand im Zeichen der Ziege oder Schlange geboren sein. Mit Himmelskörpern haben die chinesischen Tierkreiszeichen aber nichts zu tun.

Planeten

Der Begriff Planet kommt, wie auch das Wort Galaxie, aus der griechischen Sprache. Die Griechen bezeichneten damit einen Himmelskörper, der ständig und sichtbar in Bewegung ist. Nicht nur das unterscheidet die Planeten von den Sternen.

Saturn

Definition

Wissenschaftler definieren einen Planeten heute so:

- Ein Planet kreist auf einer Umlaufbahn um eine Sonne. Das kannst du dir tatsächlich wie die Laufbahn um den Sportplatz vorstellen.
- Ein Planet hat ungefähr die Form einer Kugel.
- Ein Planet ist auf seiner Umlaufbahn das bedeutendste Objekt. Weitere Objekte auf der gleichen Umlaufbahn drängt er einfach zur Seite. Das ist so, als würdest du einen Stein wegschießen, über den du beim Hundertmeterlauf sonst womöglich stolpern könntest.

Jupiter

Acht Planeten

Die acht Planeten unseres Sonnensystems werden in der Regel in einer bestimmten Reihenfolge aufgezählt. Dabei beginnen wir mit dem Planeten, der am nächsten um die Sonne kreist, und entfernen uns immer weiter von der Sonne. Den Anfang macht Merkur, denn er ist „nur“ 58 Millionen Kilometer von ihr entfernt. Dann folgen Venus, Erde, Mars, Jupiter, Saturn, Uranus und Neptun.

Neptun

Merkur

Mars

Venus

Verrückt!

Da die Planeten unterschiedlich lange brauchen, um die Sonne zu umrunden, dauert ein Jahr auf jedem Planeten unterschiedlich lange. Das bedeutet auch, dass das Alter der Menschen auf jedem Planeten anders wäre. Ein einjähriges Kind auf der Erde wäre auf dem Merkur schon vier Jahre alt! Und ein einjähriges Kind auf dem Neptun wäre auf der Erde schon 84!

Erde

Planetengeburt

Zuerst einmal braucht es eine Wolke aus den beiden Gasen Wasserstoff und Helium. Auch schwereres Material, zum Beispiel Eisen, ist in der Wolke enthalten. Alle Bestandteile ziehen sich an und rücken deshalb immer näher zusammen. Dabei entsteht großer Druck. Das ist so, als würdest du einen Schneeball immer fester zusammendrücken. Die Gase werden durch dieses Zusammenpressen extrem heiß – so heiß, dass die festen Bestandteile schmelzen und einen Klumpen bilden. Nach sehr langer Zeit kühlen die äußeren Schichten ab und werden hart.

Unser Sonnensystem

Unser Sonnensystem besteht aus der Sonne, acht Planeten, deren Monden und Zwergplaneten. Daneben gibt es noch Asteroiden, Kometen und kleine Gesteinsbrocken, die in großen Mengen im Asteroidengürtel zwischen Mars und Jupiter, im Kuipergürtel hinter dem Neptun und in der Oortschen Wolke ganz außen am Rand unseres Sonnensystems vorkommen. Die Existenz der Oortschen Wolke ist noch nicht bewiesen, aber sehr wahrscheinlich. Schon lange bevor die ersten Menschen auf der Erde lebten, existierten die Planeten. Du fragst dich, wie und wann sie entstanden sind? Das ist jetzt ungefähr 4,6 Milliarden Jahre her – Menschen gibt es erst seit circa 2,5 Millionen Jahren.

Unsere acht Planeten

Der **Merkur** ist der kleinste der acht Planeten. Er flitzt übrigens auch am schnellsten um die Sonne herum. Für eine Umrundung braucht er nur 88 Tage. Tagsüber können es hier bis zu 430 Grad Celsius werden, nachts bis zu −170 Grad Celsius.

Die **Erde** steht an dritter Stelle. Sie braucht 365 Tage, um die Sonne zu umrunden, und besteht genau wie Merkur, Venus und Mars aus Gestein.

Sonne

Merkur
Äquatordurchmesser:
4879 km
Monde: 0

Venus
Äquatordurchmesser:
12.104 km
Monde: 0

Erde
Äquatordurchmesser:
12.756 km
Monde: 1

Mars
Äquatordurchmesser:
6792 km
Monde: 2

Asteroidengürtel

Dann kommt die **Venus.** Sie kannst du morgens und abends übrigens gut erkennen, weil sie besonders hell leuchtet. Deshalb wird sie auch Morgenstern oder Abendstern genannt. Die Venus braucht etwa 122 Tage für eine Sonnenumrundung.

Der **Mars** ist etwas größer als der Merkur. Um die Sonne zu umrunden, benötigt er 687 Tage. Hinter dem Mars kommt der **Asteroidengürtel** – er besteht aus etwa 600.000 Asteroiden, Zwergplaneten und anderen Objekten.

Der größte der acht Planeten ist **Jupiter**. Nicht nur das, er ist auch am schwersten. Er wiegt viel mehr als alle anderen Planeten zusammen. Über ihn weiß man noch nicht sehr viel, außer dass seine Oberfläche flüssig ist und in seiner Atmosphäre ständig Wirbelstürme toben. Eine Landung mit einer Raumfähre ist dort also unmöglich. Für eine Sonnenumrundung benötigt er fast 12 Jahre.

Der **Uranus** ist der vorletzte und drittgrößte Planet unseres Sonnensystems. Man nennt ihn Gasplanet, weil er zum größten Teil aus Gas besteht. Uranus umkreist die Sonne einmal in etwa 84 Jahren.

Jupiter
Äquatordurchmesser: 139.820 km
Monde: 67

Saturn
Äquatordurchmesser: 120.536 km
Monde: 62

Uranus
Äquatordurchmesser: 51.118 km
Monde: 27

Neptun
Äquatordurchmesser: 49.528 km
Monde: 14

Der **Saturn** wird immer mit seinen typischen Ringen aus Staub und Eis dargestellt. Sein Durchmesser ist zehnmal größer als der der Erde. Er braucht etwa 29 Jahre, um die Sonne zu umrunden.

Der **Neptun** ist der achte und äußerste Planet in unserem Sonnensystem. Er ist fast viermal so groß wie die Erde. Auch über ihn wissen die Forscher noch nicht viel. Sicher ist aber, dass er zu den kältesten Orten unseres Sonnensystems gehört. Das liegt an seiner großen Entfernung zur wärmenden Sonne. Immerhin benötigt er 164 Jahre, um die Sonne zu umrunden.

Sonne

Die Sonne gehört zu deinem Leben dazu. Ist es nicht unglaublich, dass sie dich im Sommer kräftig zum Schwitzen bringt, obwohl sie so weit von der Erde entfernt ist? Wenn du das nächste Mal an einem Lagerfeuer bist, entferne dich einmal schrittweise von dem Feuer. Merkst du, wie schnell es kalt wird?

Fleckig

Unsere Sonne trägt sogenannte Sonnenflecken. Das sind Stellen auf der Sonnenoberfläche, die nicht so heiß sind wie der Rest. Sie sind „nur“ etwa 4000 Grad Celsius warm. Einige Sonnenflecken können riesig werden – in ihnen könnte die gesamte Erdkugel verschwinden. Viele bleiben aber deutlich kleiner oder schließen sich zu Gruppen zusammen. Diese Flecken sind nicht immer zu sehen. Manchmal gibt es wochenlang gar keine. Alle elf Jahre gibt es dafür besonders viele.

Die Sonne ist so riesig, dass mehr als eine Million Erdkugeln nötig wären, um sie damit aufzufüllen.

Eigenschaften

Der Feuerball der Sonne besteht nicht aus festem Material, sondern nur aus Gasen. Ständig finden im Inneren der Sonne Explosionen statt. Dabei verschmelzen Wasserstoff-Atome und verwandeln sich in Helium. Pro Sekunde erzeugt die Sonne 6000 Megatonnen Helium. Manchmal sind die Explosionen so stark, dass Bestandteile von innen nach außen geschleudert werden. Das ist etwa so, als wenn eine dicke Soße in einem Topf brodelt und spritzt. Wenn der gesamte Wasserstoff in Helium umgewandelt wurde, kann die Sonne keine Energie mehr produzieren. Eine Heizung funktioniert eben nur so lange, wie sie Brennstoff hat. Ist er verbraucht, wird es kalt. So ist es auch mit der Sonne. Allerdings dauert es noch schätzungsweise fünf Milliarden Jahre, bis sie abkühlt und erlischt. Dann wird sie zum Roten Riesen.

Steckbrief Sonne

Masse:
2.000.000.000.000.000.000.000.000.000.000 Kilogramm (700 Mal alle Planeten zusammen)

Äquatordurchmesser:
1.392.684 Kilometer

Alter: 4500–4700 Millionen Jahre

Temperatur: etwa 5512 Grad Celsius

Entfernungen

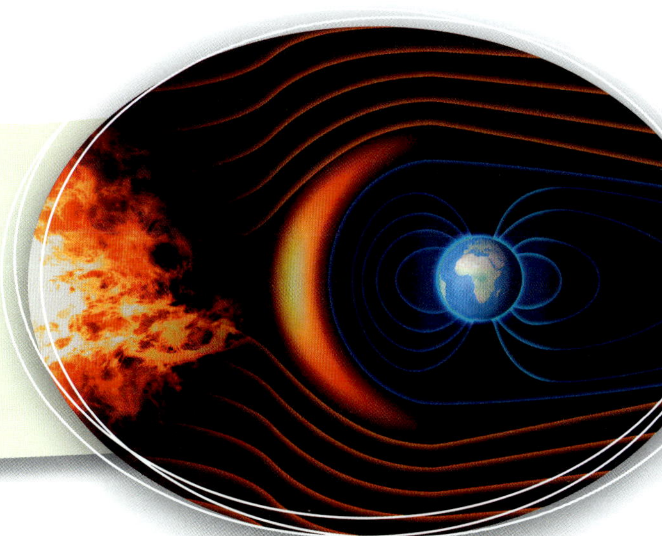

Die Sonne ist rund 150 Millionen Kilometer von der Erde entfernt. Trotzdem schafft sie es, Teilchen bis zu uns zur Erde zu schleudern. Glücklicherweise umgibt die Erde ein Schutzschild. Die sogenannte Magnetosphäre schirmt die Erde von den Sonnenwinden ab. Trotzdem: Wenn ganz viele Teilchen auf die Erde regnen, können sie zum Beispiel Radiowellen stören.

Lange Anreise

Raumfahrer legen in ihrer Rakete ungefähr acht Kilometer pro Sekunde zurück. Wenn du nun ausrechnest, wie weit ein Astronaut am Tag kommt, ergäbe sich für die Anreise zur Sonne eine Dauer von etwa 220 Tagen. Eine solche Reise ist aber unmöglich, weil die Sonne so heiß ist, dass die Rakete in ihrer Nähe schmelzen würde.

Ohne geht's nicht

Wärme ist nicht nur angenehm, sondern überlebenswichtig. Bestimmt hast du in einem kalten Winter in den Nachrichten schon gehört, dass Menschen erfroren sind. Auch Tiere brauchen Wärme, und Pflanzen würden ohne die Sonne nicht wachsen, denn nur mithilfe des Lichts können sie aus Kohlenstoffdioxid Nährstoffe und Baumaterial herstellen. Außerdem bestimmt die Sonne unseren Tages- und Nachtrhythmus.

Achtung!

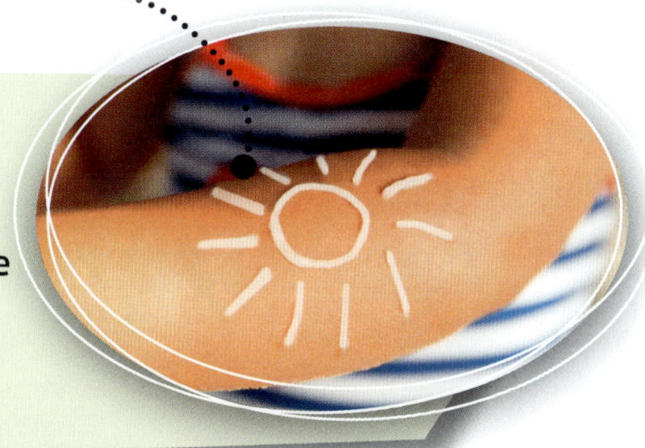

Ohne Sonnenlicht könnten wir nicht leben. Trotzdem kann die Sonne für deine Haut und deine Augen auch gefährlich werden. Du musst dich also immer eincremen, wenn die Sonne stark scheint. Und du darfst nie direkt in die Sonne gucken! Willst du sie beobachten, brauchst du ein Teleskop mit einem speziellen Filter.

Mond

Tagsüber ist die Sonne am Himmel zu sehen und nachts ist der Mond der größte Himmelskörper. Übrigens gibt es ganz viele Monde in unserem Sonnensystem. Aber nur einer kreist um die Erde. Ihn nennen wir Luna.

Eigenschaften

Der Mond besteht aus Gestein und Metallen, wie zum Beispiel Eisen. Der Durchmesser der Erde ist gut dreieinhalbmal so groß wie der des Mondes. Übrigens ist er nur 384.400 Kilometer von uns entfernt. Im All ist das ein Katzensprung. Ungefähr 27 Erdentage braucht er, um die Erde einmal zu umkreisen. Gleichzeitig dreht er sich um sich selbst, auch das dauert 27 Tage.

Ebbe und Flut

Die Anziehungskraft des Mondes hat einen faszinierenden Effekt auf die Meere der Erde. Durch sie kommt es zum Wechsel zwischen Ebbe und Flut. Das nennt man Gezeiten. Wie ein Magnet zieht Luna am Wasser. Darum ist auf der Seite der Erde, die dem Mond zugewandt ist, Flut. Genau gegenüber, also auf der dem Mond abgewandten Seite, gibt es auch eine Flut. Die entsteht durch die Fliehkraft der Erde, die von der Erdrotation hervorgerufen wird. Dazwischen herrscht Ebbe. Weil sich die Erde einmal am Tag um sich selbst dreht, gibt es an einem bestimmten Punkt auf dem Meer zweimal am Tag Ebbe und Flut.

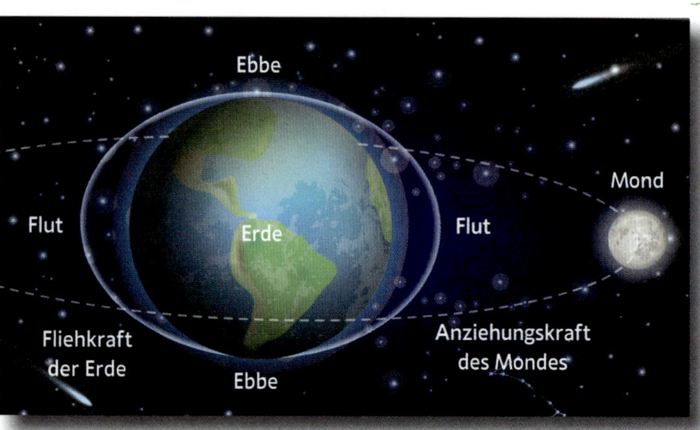

Die Mondlandung

Luna ist für Raumfahrer schnell zu erreichen. Klar, dass die Wissenschaftler ihn für den ersten Ausflug auf einen fremden Himmelskörper ausgesucht haben. Am 20. Juli 1969 setzte der Amerikaner Neil Armstrong (1930–2012) als erster Mensch seinen Fuß auf den Mond.

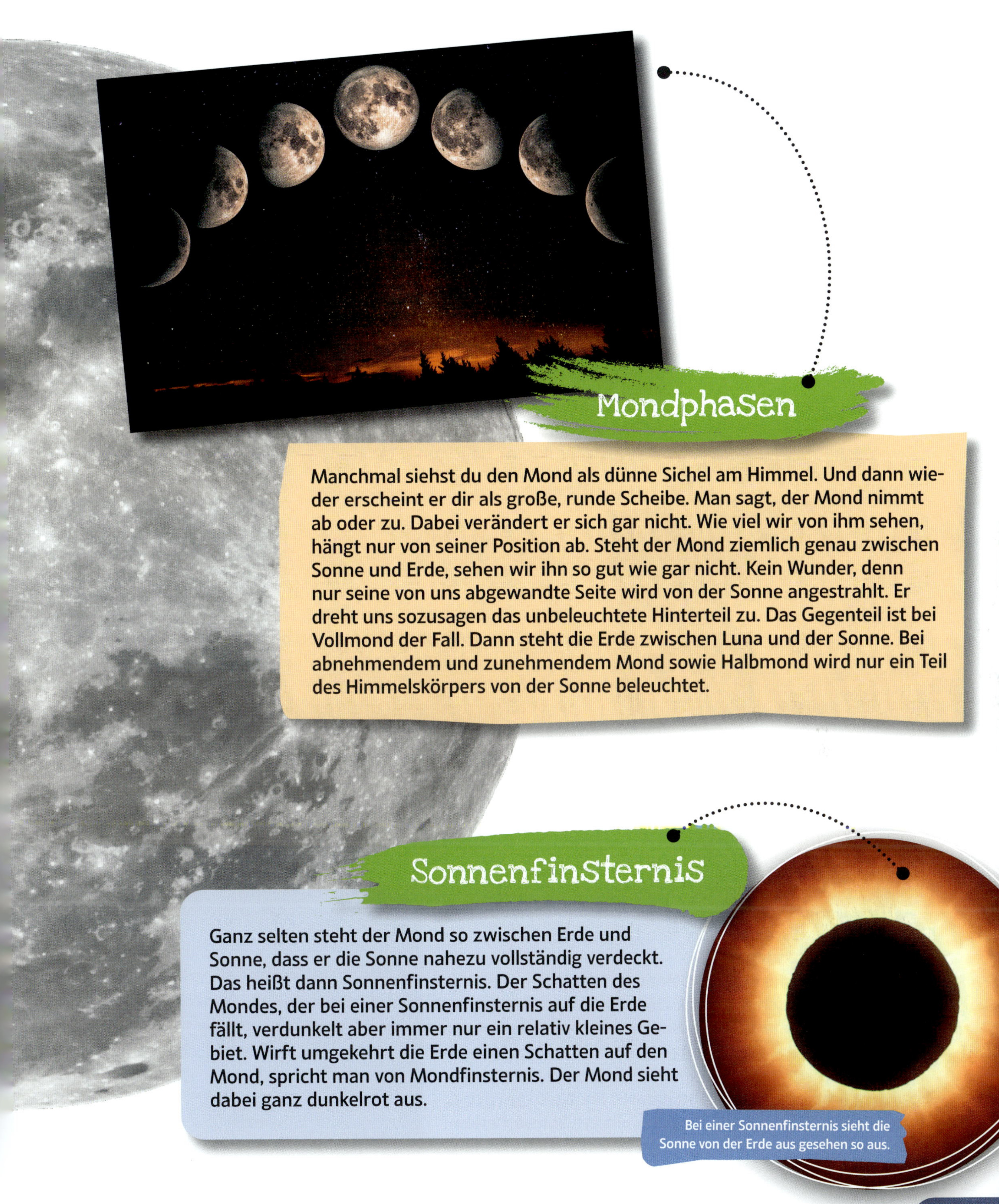

Mondphasen

Manchmal siehst du den Mond als dünne Sichel am Himmel. Und dann wieder erscheint er dir als große, runde Scheibe. Man sagt, der Mond nimmt ab oder zu. Dabei verändert er sich gar nicht. Wie viel wir von ihm sehen, hängt nur von seiner Position ab. Steht der Mond ziemlich genau zwischen Sonne und Erde, sehen wir ihn so gut wie gar nicht. Kein Wunder, denn nur seine von uns abgewandte Seite wird von der Sonne angestrahlt. Er dreht uns sozusagen das unbeleuchtete Hinterteil zu. Das Gegenteil ist bei Vollmond der Fall. Dann steht die Erde zwischen Luna und der Sonne. Bei abnehmendem und zunehmendem Mond sowie Halbmond wird nur ein Teil des Himmelskörpers von der Sonne beleuchtet.

Sonnenfinsternis

Ganz selten steht der Mond so zwischen Erde und Sonne, dass er die Sonne nahezu vollständig verdeckt. Das heißt dann Sonnenfinsternis. Der Schatten des Mondes, der bei einer Sonnenfinsternis auf die Erde fällt, verdunkelt aber immer nur ein relativ kleines Gebiet. Wirft umgekehrt die Erde einen Schatten auf den Mond, spricht man von Mondfinsternis. Der Mond sieht dabei ganz dunkelrot aus.

Bei einer Sonnenfinsternis sieht die Sonne von der Erde aus gesehen so aus.

Weitere Himmelskörper

Du hast nun schon eine Menge verschiedener Himmelskörper kennengelernt: Sterne, Planeten und den Mond. In den unendlichen Weiten des Alls gibt es aber noch viel mehr.

Zwergplaneten

Diese Himmelskörper sind klein und haben daher auch eine geringe Anziehungskraft. Dadurch schaffen sie es nicht, ihre Umlaufbahn um die Sonne von Kometen oder Asteroiden zu befreien. Fünf Zwergplaneten sind derzeit in unserem Sonnensystem bekannt: Pluto, Ceres, Eris, Makemake und Haumea. Pluto ist wohl der berühmteste. Bis 2006 hielt man ihn nämlich noch für einen „richtigen" Planeten.

Asteroiden

Asteroiden sind kleiner als Zwergplaneten und größer als Meteoriten. Keine Angst, beide wirst du noch genau kennenlernen. Asteroiden bestehen aus Gestein und Metallen. Genau wie die Planeten kreisen sie auf Bahnen um die Sonne. Wahrscheinlich sind sie bei der Entstehung unseres Sonnensystems übrig geblieben. Asteroiden sind sozusagen fliegender Bauschrott.

Kometen

Kometen sind Brocken aus Eis, gefrorenen Gasen und Staub. Sie sind weit weg am Rand unseres Sonnensystems entstanden und kreisen dort um die Sonne. Manchmal passiert es, dass einer von ihnen aus der Umlaufbahn geschubst wird. Dann kann er der Erde sehr nahe kommen. Es sind einige Kometen bekannt, die nach dem Verlassen ihrer eigentlichen Umlaufbahn eine neue gefunden haben, auf der sie die Sonne alle paar Jahre einmal umrunden und dann in die Weite zurücksausen. Kometen kannst du gut an ihrem Schweif erkennen, den sie wie eine Abgaswolke hinter sich herziehen.

Meteoriten

Einen Klumpen aus Stein oder verschiedenen Metallen, der aus dem Weltall kommt und es bis auf die Erde schafft, nennen wir Meteorit. Ungefähr fünf davon werden jedes Jahr entdeckt. Wahrscheinlich gibt es aber noch viel mehr Besucher aus dem All. Fällt ein Meteorit ins Meer, ist die Wahrscheinlichkeit groß, dass es keiner merkt.

Der Hoba-Meteorit ist mit etwa 60 Tonnen der größte und schwerste Meteorit, der je auf der Erde gefunden wurde. Er liegt seit 80.000 Jahren an diesem Platz in Namibia (Afrika).

Gefährliche Riesenbrocken

2013 stürzte ein besonders großes Exemplar auf Russland. Dabei wurden mehrere Tausend Häuser beschädigt. Meistens werden die Brocken auf ihrem Flug durch die Erdatmosphäre schon so stark gebremst, dass sie keine große Gefahr darstellen. Oft hinterlassen sie nur einen kleinen Krater. Ab einer Masse von mehr als 100 Tonnen ist das anders. Dann kann ein Meteorit eine Explosion mit weltweiten Folgen verursachen. Viele Wissenschaftler glauben, dass ein solcher Meteoriteneinschlag in Mexiko zum Aussterben der Dinosaurier geführt hat.

Ganz schön verwirrend!

Meteoroiden sind kleinere Brocken im All. Treten sie in die Erdatmosphäre ein, können sie verglühen. Dabei entsteht ein Leuchten. Das nennt man Meteor oder Sternschnuppe. Verglüht der Brocken nicht oder nicht ganz, fällt der Rest auf die Erde. Diesen Rest nennt man Meteorit.

NATUR-WISSENSCHAFT

Was ist Naturwissenschaft?

Naturwissenschaftler machen drei Dinge, die sie auszeichnen: beobachten, messen und analysieren. Klimaforscher zum Beispiel beobachten das Wetter. Sie messen, wie viel Regen fällt, und analysieren, wann und wo er fällt, damit sie bessere Wettervorhersagen machen können. Naturwissenschaftler wollen die Natur verstehen und für den Menschen nutzbar machen. So war der elektrische Strom erst in Form von Blitzen bekannt, bevor Forscher es schafften, damit Lampen und Maschinen zu betreiben. Zu den Naturwissenschaften gehören Biologie, Chemie, Physik, Astronomie und die Geowissenschaften. Diese Hauptbereiche gliedern sich in Teilbereiche, Klimaforschung beispielsweise gehören zu den Geowissenschaften.

Die ersten Naturwissenschaftler

Die ersten Menschen, die sich mit den Naturwissenschaften beschäftigt haben, waren die Griechen ein paar Jahrhunderte vor Christus. Namen wie Aristoteles, Pythagoras oder Archimedes sind heute noch vielen Menschen ein Begriff, obwohl sie vor über 2000 Jahren lebten! Schon damals hatten die Griechen kluge Ideen und stellten Behauptungen auf. Wirklich beweisen konnte man diese aber erst mit den modernen Techniken der Neuzeit.

Aristoteles (384–322 v.Chr.)

Aristoteles

Der griechische Naturwissenschaftler Aristoteles hatte als Erster erkannt, dass die Erde eine Kugel ist. Allerdings ging diese Ansicht verloren und es wurde gelehrt, die Erde sei eine Scheibe. Erst mehr als 1700 Jahre später wurde die Kugelform wieder akzeptiert.

Astronomie

Die Astronomie beschäftigt sich mit dem Weltraum und allem, was in ihm vorkommt: Sterne, Planeten, Kometen und noch viele andere Himmelskörper.

Biologie

Biologen befassen sich mit allem, was lebt, wie zum Beispiel Tiere oder Pflanzen. Auch andere Dinge, die man nicht mit bloßem Auge sehen kann, wie Bakterien oder Viren, werden von Biologen erforscht.

Physik

Hier wird untersucht, was alles in der Natur passiert. Manche dieser Vorgänge kann man mit den eigenen Augen sehen: Blitz und Donner oder den Regenbogen. Mit ihrem Wissen haben Physiker den elektrischen Strom entdeckt, das Telefon erfunden oder den Fotoapparat.

Geowissenschaften

Wenn es darum geht zu verstehen, wie die Erde funktioniert und warum sie so ist, wie sie ist, dann ist das ein Fall für die Geowissenschaften. Wie entstehen Meere oder auch Gletscher? Warum ist es an manchen Orten wie in der Wüste ganz heiß, an anderen aber ganz kalt, wie zum Beispiel in der Arktis oder oben auf einem Berggipfel? Diese und viele weitere Fragen werden von Geowissenschaftlern untersucht.

Chemie

Wenn es zischt, knallt und raucht, sind Chemiker nicht weit! Sie erforschen, wie unterschiedliche Stoffe miteinander reagieren und was bei diesen Vorgängen alles passiert. Die Erkenntnisse von Chemikern helfen dabei, Medikamente zu entwickeln und auch viele Dinge für den alltäglichen Gebrauch herzustellen, wie zum Beispiel Plastik oder Farben.

Die Elemente

Bis vor etwa 400 Jahren kannten die Menschen nur wenige Elemente. In Europa waren das Wasser, Feuer, Erde und Luft. In China hielt man Holz für das fünfte Element. Beide Ideen wurden später als falsch widerlegt. Wissenschaftler und Wissenschaftlerinnen stellten fest, dass es sehr viel mehr unterschiedliche Stoffe gibt, die sich nicht weiter zerlegen oder trennen lassen. Diese grundlegenden Stoffe nannten sie chemische Elemente.

Viele Elemente

Einige der Elemente sind sehr bekannt, zum Beispiel Gold, Silber, Eisen oder Blei. Es gibt aber auch Elemente, deren Namen nur wenige Menschen kennen: Yttrium, Ruthenium und viele mehr. Dennoch kommen sie in unserem Alltag häufig vor, zum Beispiel werden sie für den Bau von Handys und Autos benötigt. Insgesamt kennen wir heute 118 verschiedene Elemente, doch es kann gut sein, dass in Zukunft noch mehr entdeckt werden.

Gold

Silber

Schwefel

Blei

Elemente auf der Erde

Die einzelnen Elemente sind auf der Erde in ganz unterschiedlichen Mengen vorhanden. Am häufigsten ist Sauerstoff. Es kommt zum Beispiel in der Luft vor, die wir atmen. Auch Eisen ist sehr häufig, etwa ein Viertel der Erde besteht daraus, größtenteils tief im Kern der Erde. Andere Elemente sind sehr selten und man muss lange nach ihnen suchen, zum Beispiel nach Gold. Deshalb ist es auch so wertvoll.

Radioaktivität

Manche Elemente sind nicht stabil und zerfallen nach einer bestimmten Zeit in ein oder zwei andere Elemente. Es gibt mehrere Arten dieses Zerfalls, alle werden als „Radioaktivität“ bezeichnet. Manche Elemente zerfallen innerhalb weniger Augenblicke, andere brauchen viele Tausend Jahre dafür. Von Uran, das in Atomkraftwerken verwendet wird, ist nach Millionen von Jahren immer noch die Hälfte übrig. Bei dem Zerfall entsteht eine Strahlung, die oftmals schädlich für Menschen und Tiere ist. Radioaktiver Abfall muss daher unter besonderer Vorsicht entsorgt werden. Da dieser Abfall für lange Zeit radioaktiv und damit schädlich ist, wird er tief unter der Erde gelagert.

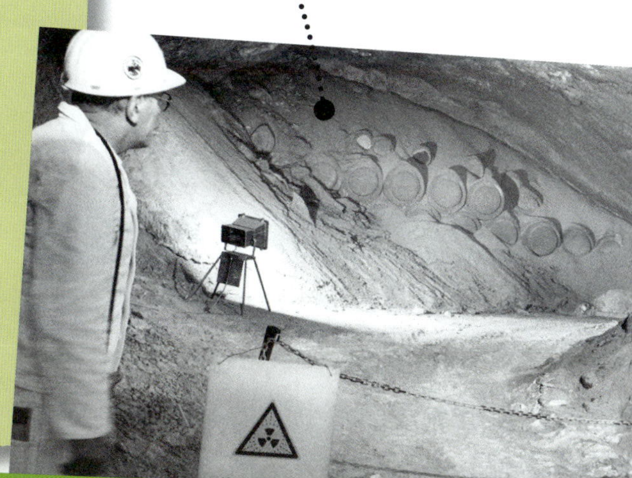

Im ehemaligen Salzbergwerk Asse in Niedersachsen lagern radioaktiver und chemischer Abfall.

Eisen

Der größte Teilchenbeschleuniger der Welt steht in Genf (Schweiz).

Synthetische Elemente

Von den 118 entdeckten Elementen kommen 24 nicht natürlich vor, sie werden von Menschen künstlich hergestellt. Diese nennt man „synthetische Elemente“. Sie halten nur ganz kurz und zerfallen meistens innerhalb weniger Augenblicke. Durch diesen Zerfall lernen die Forscher, wie die Elemente aufgebaut sind und welche Eigenschaften sie haben. Die Herstellung von synthetischen Elementen passiert in sogenannten Teilchenbeschleunigern. Ein positiver Nebeneffekt ist, dass die entstehende Radioaktivität nicht nach draußen gelangen kann.

Yttrium

Atome

Schon die Griechen vor 2000 Jahren vermuteten, dass es winzig kleine, unteilbare Dinge gibt, aus denen alles aufgebaut ist. Wie bei einer Burg, die aus einzelnen Bausteinen gebaut ist. Vom griechischen Wort „unteilbar“ kommt deshalb auch der Begriff „Atom“. Doch erst sehr viel später konnte bewiesen werden, dass es diese Atome wirklich gibt.

Wie klein sind Atome?

Atome sind wirklich sehr, sehr klein. So klein, dass man es sich fast nicht vorstellen kann. Man kann sie nicht mal mit dem besten Mikroskop der Welt sehen. Wissenschaftler brauchen extra dafür entwickelte Geräte.

Es ist ein riesiges, kompliziertes Gerät notwendig, um die winzigen Atome sehen zu können.

Atome verschmelzen und spalten

Es stellte sich bald heraus, dass Atome nicht so „unteilbar“ sind, wie man dachte. In einem Atomkraftwerk zum Beispiel kann ein Uran-Atom gespalten werden. Dadurch entstehen zwei Atome, die zu einer anderen Gruppe von Elementen gehören. Dieses Spalten setzt Energie frei, aus der Strom erzeugt werden kann. Andersherum kann mit viel Aufwand aus zwei Atomen eines werden. Dieses Verschmelzen findet auch im Inneren von Sternen statt und liefert die Energie dafür, dass sie so hell leuchten. Wissenschaftler hoffen, auf diese Weise auch auf der Erde Strom erzeugen zu können, noch wird allerdings daran geforscht.

Blick in den Reaktor eines Kernkraftwerks, in dem Atome gespalten werden. Damit er nicht zu heiß wird, steht er unter Wasser.

Moleküle

Wenn sich mehrere Atome verbinden, entsteht daraus ein Molekül. Moleküle sind viel häufiger als reine Elemente. Wasser besteht zum Beispiel aus zwei Elementen: Wasserstoff und Sauerstoff. Es gibt auch komplexe Moleküle, die aus vielen Atomen bestehen. Ein einzelnes Zuckermolekül besteht zum Beispiel aus 45 Atomen, Wasser dagegen nur aus drei.

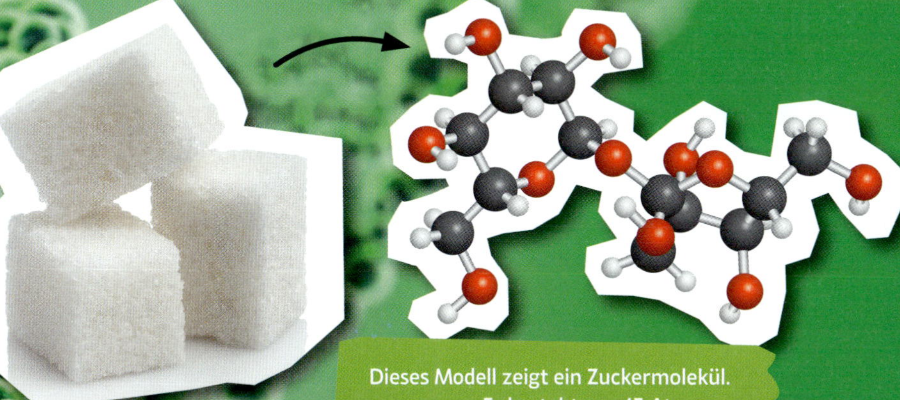

Dieses Modell zeigt ein Zuckermolekül. Es besteht aus 45 Atomen.

Lange Ketten

Es gibt Moleküle, die richtig groß werden können, meistens dann, wenn sie lange Ketten bilden. Stärke, die in Kartoffeln oder Reis vorkommt, besteht aus vielen zusammenhängenden Zuckerteilen, die zusammen eine lange Kette bilden. Der Körper teilt während der Verdauung diese Kette in kleinere Stücke auf, also wieder in Zucker. Deshalb schmeckt Brot süß, wenn man es lange genug im Mund kaut.

Das längste Molekül

Eines der längsten Moleküle überhaupt ist das Erbgut. Das menschliche Erbgut besteht aus mehreren sogenannten Chromosomen und jedes davon ist ein einzelnes, sehr langes Molekül, das aus Milliarden Atomen besteht.

So würde ein Teil des Erbgutes aussehen, wenn man es ganz stark vergrößern würde.

Molekularbewegung

Alle Moleküle bewegen sich ständig, sie schwingen oder zittern, selbst in festen Stoffen wie Eisen oder Diamant. Diese Bewegung ist das, was wir als Temperatur wahrnehmen. Je mehr Bewegung, desto heißer, je weniger Bewegung, desto kälter. Wenn du ein Stück Eisen in die Sonne legen würdest, würde es sehr heiß werden, im Kühlschrank dagegen sehr kalt.

Fest, flüssig und gasförmig

Elemente können in verschiedenen Formen auftreten. Sie können fest, flüssig oder gasförmig sein. Dabei ist ein Element nicht auf eine Form festgelegt. Je nach Umständen kann es jede Form annehmen. Das bekannteste Beispiel ist Wasser: Ab einem bestimmten Kältegrad gefriert es, wird also fest. Sonst kennt man Wasser meist in flüssiger Form, so trinkt man es auch. Wird Wasser so stark erhitzt, dass es kocht, verdampft ein Teil davon. Das Wasser ist gasförmig geworden.

Temperatur und Druck

Zwei Dinge bestimmen, welche Form ein Element annimmt: die Temperatur und der Druck. Je höher die Temperatur, desto schneller wollen sich Atome und Moleküle bewegen. Dadurch brauchen sie mehr Platz und werden von fest zu flüssig (sie schmelzen) und dann gasförmig (sie verdampfen oder kochen). Je höher aber der Druck, desto mehr werden sie zusammengedrückt. Sie werden also von gasförmig zu flüssig (sie kondensieren) und dann zu fest (sie gefrieren).

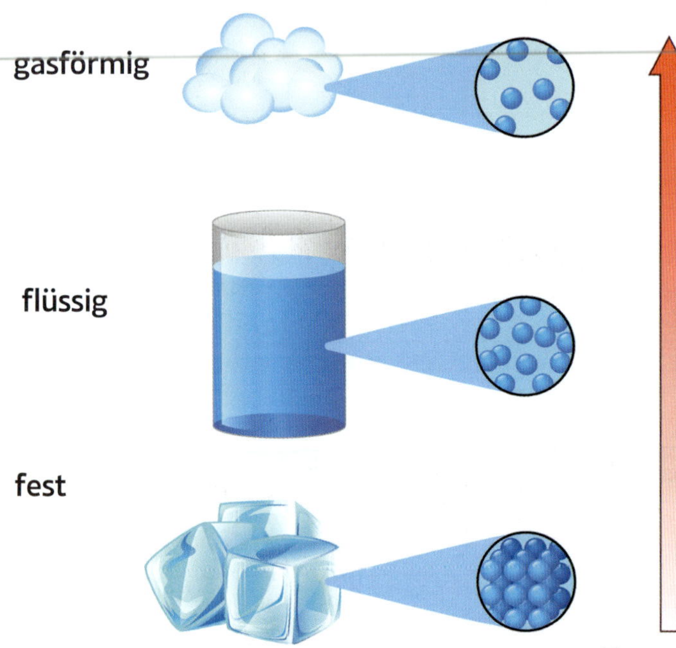

Wasser ist je nach Temperatur fest, flüssig oder gasförmig.

Plasma

Es gibt sogar noch mehr Zustände als fest, flüssig oder gasförmig. Wenn man die Temperatur eines Stoffes noch weiter erhöht, wird daraus ein sogenanntes Plasma. Das bedeutet, dass sich die einzelnen Atome so wild bewegen, dass sich Teile lösen und durcheinanderfliegen. Plasma wird zum Beispiel bei besonders heißen Schneidbrennern eingesetzt, um Metalle und andere harte Dinge zu zerschneiden.

In der Stahlindustrie werden Plasma-Schneidbrenner eingesetzt, um Metalle zu zerschneiden.

Festes Gas?

Es gibt in unserem Sonnensystem Planeten, die nur aus Gas bestehen, zum Beispiel der Saturn. In seinem Inneren ist der Druck so groß, dass das Gas flüssig wird. Wissenschaftler vermuten, dass ganz innen drin ein so extremer Druck herrscht, dass das Gas dort fest ist. Das konnte aber noch nicht bewiesen werden, weil auf der Erde kein so großer Druck erzeugt werden kann.

Hier wird ein Eimer Wasser bei -48 Grad Celsius in die Luft geschleudert – das flüssige Wasser gefriert sofort zu Eis.

Der absolute Nullpunkt

Es gibt eine „kälteste Temperatur". Diese beträgt -273,15 Grad Celsius. Zum Vergleich: In Russland können es im Winter bis zu -70 Grad Celsius werden. Dann ist es so kalt, dass Wasser, das aus einem Becher gekippt wird, als Eis auf dem Boden ankommt. Bei -273,15 Grad Celsius ist es so extrem kalt, dass die einzelnen Atome sich nicht mehr bewegen können. Forscher sind dieser Temperatur in Experimenten schon sehr nahegekommen und wurden für ihre Arbeit mit dem Nobelpreis ausgezeichnet.

Kochendes Wasser bei Zimmertemperatur

Wenn man den Druck ändert, ist es tatsächlich möglich, Wasser bei Zimmertemperatur zum Kochen zu bringen. Wird ein Glas Wasser in ein Behältnis gesetzt und die Luft herausgepumpt, können sich die Moleküle freier bewegen und das Wasser fängt an zu kochen. Auf dem höchsten Berg der Erde, dem Mount Everest, kocht Wasser schon bei ungefähr 70 Grad Celsius und nicht wie sonst üblich bei 100 Grad Celsius. Das liegt daran, dass in dieser Höhe weniger Luft und dadurch der Druck geringer ist.

Bereits 1873 fanden Wissenschaftler heraus, dass Wasser in einem Vakuum bei Zimmertemperatur anfängt zu kochen.

Chemische Reaktionen

Damit sich einzelne Atome zu Molekülen verbinden, müssen sie miteinander reagieren. Wenn zum Beispiel Eisen rostet, ist das eine chemische Reaktion: Wasser, zum Beispiel als Regen, und der Sauerstoff aus der Luft verbinden sich mit dem Eisen und bilden Rost. Auch Moleküle können miteinander reagieren. Es gibt zwei verschiedene Arten von Reaktionen: Bei den einen wird Energie frei, bei den anderen muss man Energie hinzugeben. Bei dem Eisen-Beispiel stammt die Energie aus der Umgebungstemperatur.

Reaktionsgeschwindigkeiten

Chemische Reaktionen verlaufen unterschiedlich schnell. Manche sind so schnell, dass man sie nicht ohne Zeitlupe sehen kann. Andere verlaufen extrem langsam. Das ist zum Beispiel der Fall, wenn angeschnittene Äpfel oder Bananen braun werden. Hier reagiert der Sauerstoff aus der Luft mit Stoffen im Obst, wodurch dieses sich verfärbt. Wenn man einen angeschnittenen Apfel in den Kühlschrank legt, bleibt er länger frisch. Das liegt daran, dass chemische Reaktionen bei geringer Temperatur langsamer ablaufen.

Chemische Formeln

Damit Reaktionen beschrieben werden können, entwickelten Forscher die chemischen Formeln. Sie beschreiben, aus welchen Elementen die betreffenden Moleküle aufgebaut sind und in welchen Verhältnissen sie miteinander reagieren. Mit diesen Formeln können sich alle Chemiker auf der Welt verständigen.

Organische Chemie

Ein wichtiges Element für alles Leben auf der Erde ist der Kohlenstoff. Er kann sehr viele Verbindungen eingehen und ist damit Bestandteil vieler Moleküle in der Natur. Deshalb wird dieser Teilbereich auch „organische Chemie" genannt. Früher dachte man, alle organischen Verbindungen müssen durch „Lebenskraft" entstehen, bis der deutsche Chemiker Friedrich Wöhler eine Entdeckung machte. Er wandelte ein künstliches Molekül in etwas um, was man nur von Lebewesen kannte: Harnstoff, Bestandteil von Urin. Somit war klar, dass alle Chemie den gleichen Gesetzen folgt und es diese „Lebenskraft" in Molekülen nicht gibt.

Natürlicher Sonnenschutz

Eine der schnellsten Reaktionen läuft in unserem Körper ab, wenn wir in der Sonne sind. Zu viel Sonnenstrahlung ist gefährlich für den Menschen, da sie das Erbgut in den Zellen angreift und Krebs verursachen kann. Der Körper schützt sich dagegen, indem er die Energie der Sonne blitzschnell für eine harmlose Reaktion einsetzt, von der wir nichts mitbekommen. Doch zu viel Sonne kann diese Reaktion nicht abfangen, deshalb solltest du immer Sonnenschutz auftragen, wenn du im Sommer rausgehst!

Bumm!

Ein Beispiel für eine Reaktion, die viel Energie freisetzt, ist explodierender Sprengstoff. Dabei reagieren Stoffe extrem schnell und produzieren sehr viel Gas und Energie. Diese Energie sorgt dafür, dass die Reaktion für den restlichen Sprengstoff schneller und schneller abläuft – bis es schließlich „bumm" macht.

Energie

Energie allgemein zu beschreiben ist gar nicht so leicht. In der Physik sagt man, dass Energie dafür sorgt, dass etwas „Arbeit leisten“ kann. Das kann vieles bedeuten: sich bewegen, Wärme oder Licht abgeben. Sobald irgendwo etwas passiert, ist Energie im Spiel.

Arten von Energie

Heute unterscheidet man mehrere verschiedene Arten von Energie, jede hat ihren eigenen Namen. Wenn sich etwas bewegt, ist das kinetische Energie, mit anderen Worten Bewegungsenergie. Wenn es heiß ist, dann nennt man es thermische Energie. Sogar wenn du einen Gegenstand hochhebst, gibst du diesem dadurch Energie. Das nennt sich potenzielle Energie. Denn wenn der Gegenstand irgendwann wieder herunterfällt, bewegt er sich und kann andere Dinge anstoßen und damit in Bewegung versetzen.

Wenn du Würfel rollst, wandelst du dabei potenzielle Energie in Bewegungsenergie um.

Ein Fahrraddynamo ist ein kleines Kraftwerk, das aus Bewegung Strom erzeugt – so funktioniert die Fahrradbeleuchtung!

Energieumwandlung

Die einzelnen Energieformen können ineinander umgewandelt werden. Eine Heizung kann aus Strom Wärme machen. Ein Fahrraddynamo kann aus Bewegung Strom erzeugen oder ein Automotor aus chemischer Energie Bewegung. Diese Umwandlungen sind allerdings nicht gleich. Jede Energieform kann unter den richtigen Bedingungen vollständig in Wärme umgewandelt werden, andersherum geht das aber nicht, ein Teil der Wärme geht immer an die Umgebung verloren.

Wärme

Nach der Entdeckung der Atome konnten die Wissenschaftler auch bald herausfinden, was eigentlich Wärme ist. Vor etwa 200 Jahren dachten die Menschen, dass es einen „Wärmestoff" gibt, und dass heißere Stoffe davon mehr hätten als kältere. Ein Ofen hätte demnach ganz viel davon, ein Kühlschrank sehr wenig. Doch schon bald wurde entdeckt, dass auch durch Arbeit Wärme entsteht. Wenn man zum Beispiel seine Handflächen aneinander reibt, wird es warm, obwohl kein neuer Stoff dazukommt. Dadurch kamen die Wissenschaftler darauf, dass Wärme eine Form der Energie ist.

Infrarot-Strahlung wird unter anderem zur medizinischen Behandlung eingesetzt.

Bewegung und Strahlung

Bei den Molekülen haben wir schon gelernt, dass die Bewegung von Molekülen als Temperatur wahrgenommen wird. Doch wie kann man Wärme spüren, wenn man die Moleküle nicht berührt? Wenn sich die Moleküle und Atome bewegen, geben sie einen Teil dieser Bewegungsenergie wieder ab, das nennt man „Infrarot"-Strahlung.

Heißes Leuchten

Vielleicht ist dir schon aufgefallen, dass manche Stoffe leuchten, wenn sie sehr heiß werden. Kohle glimmt rot, Holz und Metall fangen an zu glühen. Das passiert, weil die Bewegung dann so stark ist, dass nicht nur Infrarot abgegeben wird, sondern auch Licht. Dabei gilt: je heißer, desto mehr Licht.

Dieses Stück Eisen ist so heiß geworden, dass es glüht.

Elektrizität

Der elektrische Strom ist heute nicht mehr wegzudenken. Durch ihn haben wir abends Licht, im Winter Wärme, können Essen warm machen und vieles mehr. Doch erst seit etwa 200 Jahren nutzen die Menschen die Elektrizität, obwohl sie schon um einiges länger bekannt ist.

Werner von Siemens (1816–1892)

Geschichte der Elektrizität

Die Auswirkungen der Elektrizität waren schon früher bekannt. Die Menschen wussten, dass Blitze eine Form der Energie transportieren. Bald wurde entdeckt, dass man Mini-Blitze selbst erzeugen kann, indem man Bernstein an Tierfell reibt und den Bernstein dann mit anderen Dingen berührt. Dasselbe passiert manchmal auch, wenn man über einen Teppich geht und dann von der Türklinke einen Schlag bekommt. Auch hier entsteht ein winziger Blitz und es fließt eine kleine Menge Strom. Es dauerte noch bis 1866, als der deutsche Ingenieur Werner von Siemens den ersten Dynamo erfand. Damit gab es eine verlässliche Quelle, um Strom für die alltägliche Verwendung zu erzeugen.

Im Vergleich zu den kleinen Fahrrad-Dynamos von heute war der erste Dynamo riesig!

Was ist Strom?

Strom nennen wir das Phänomen, wenn kleine Teile von Atomen, die sogenannten Elektronen, von Atom zu Atom hüpfen und in eine bestimmte Richtung wandern. Aus dieser Bewegung lässt sich Kraft gewinnen, zum Beispiel um Motoren anzutreiben oder Lampen leuchten zu lassen. Damit der Strom fließen kann, ist ein geschlossener Kreis notwendig, zum Beispiel durch ein Kabel. Daher kommt der Begriff „Stromkreis".

Hier siehst du einen beispielhaften Stromkreis. Der Strom ist in der Batterie gespeichert und fließt durch die Lampe, sodass diese leuchtet.

Magnetismus

Magnetismus ist eine besondere Kraft, die dafür sorgen kann, dass sich manche Dinge anziehen oder abstoßen. Diese Kraft entspringt dem sogenannten Magnetfeld, das sich unsichtbar um einen Magneten herum aufbaut. In einem Magneten haben sich die einzelnen Atome so angeordnet, dass sich ihr Magnetfeld verstärkt und die Kraft spürbar wird. Ein Magnetfeld hat immer zwei Pole, wie bei der Erde nennt man diese Nord- und Südpol.

Die Metallspäne, die sich um den Hufeisenmagneten angeordnet haben, zeigen das unsichtbare Magnetfeld an.

Die Erde ist ein Magnet

Wie du bei den Elementen schon gelernt hast, besteht die Erde zu etwa einem Viertel aus Eisen. Dieses Eisen befindet sich im Erdkern und verhält sich wie ein riesiger Magnet. Wenn man sich nun einen sehr leichten Magneten frei drehen lässt, orientiert er sich anhand des Magnetfelds der Erde. Die eine Seite zeigt zum Nordpol, die andere zum Südpol. Mit dieser Erkenntnis wurde der Kompass erfunden. Die magnetische Nadel zeigt an, wo Norden und Süden liegen.

Lautsprecher benutzen Neodymmagnete, um Töne zu erzeugen.

Der stärkste Magnet

Die stärksten Magneten, denen man im Alltag begegnet, werden mithilfe des Elements Neodym hergestellt. Sie sind so stark, dass zwei erbsengroße Magnete mit bloßen Händen kaum zu trennen sind. Diese Magnete können das Tausendfache ihres eigenen Gewichtes halten! Um dich hochzuheben – falls du magnetisch wärst –, würde ein Neodymmagnet in der Größe eines halben Schokoriegels reichen.

Licht ist mehr als sehen

Licht ist eine Form der Energie, wie du im Kapitel über Energie schon gelernt hast. Das Licht besteht aus winzig kleinen Teilchen, den „Photonen". Von der Quelle, zum Beispiel der Sonne oder einer Lampe, fliegen sie in alle Richtungen. Wenn sie dein Auge erreichen, kannst du das Licht sehen.

Wenn Wissenschaftler von „Licht" sprechen, meinen sie tatsächlich mehr als nur das, was du mit den Augen sehen kannst. Auch Radiowellen, Röntgenstrahlen oder die Strahlen der Mikrowelle sind Licht, nur in anderen sogenannten Wellenlängen. Das ist wie bei Tönen, die verschiedene Höhen haben. Manche sind so hoch oder tief, dass wir Menschen sie nicht hören können. Genauso können wir Licht, das eine kürzere oder längere Wellenlänge hat, nicht sehen. Manche Schlangen sind in der Lage, infrarotes Licht wahrzunehmen. Dadurch können sie auch in der Dunkelheit Beutetiere erkennen.

Die unterschiedlichen Farben, die du sehen kannst, entsprechen unterschiedlichen Wellenlängen.

So würde eine Schlange nachts ein Känguru sehen.

Weißes Licht ist nicht weiß

Das weiße Licht der Sonne oder einer Lampe ist in Wirklichkeit nicht weiß, sondern eine Mischung aus allen Farben, die es gibt. Das ist ähnlich wie bei einem Malkasten, nur wenn du dort alle Farben mischst, entsteht ein Braunton. Wenn alle Farben des Lichts gemischt werden, entsteht ein Weißton. Beim Regenbogen lässt sich erkennen, wie das Sonnenlicht durch die Regentropfen wieder in die einzelnen Farben aufgeteilt wird. Das kann man mit einem besonders geformten Stück Glas, einem „Prisma", auch selbst sehen.

Ein Prisma teilt die Sonnenstrahlen in alle Farben auf.

Schwerkraft

Die Schwerkraft, in der Physik „Gravitation“ genannt, ist eine der Grundkräfte in der Naturwissenschaft. Sie sorgt dafür, dass Gegenstände sich gegenseitig anziehen. Je schwerer etwas ist, desto stärker zieht es andere Gegenstände an. Deshalb bleiben wir mit den Füßen fest auf der Erde und schweben nicht davon. Es ist auch der Grund dafür, dass sich die Erde um die Sonne dreht – sie ist nämlich schwerer als die Erde. Der Mond hingegen ist leichter als die Erde, deswegen kreist er um diese herum.

Die Schwerkraft sorgt dafür, dass Menschen, Tiere und alles, was es auf der Erde gibt, nicht davonfliegt.

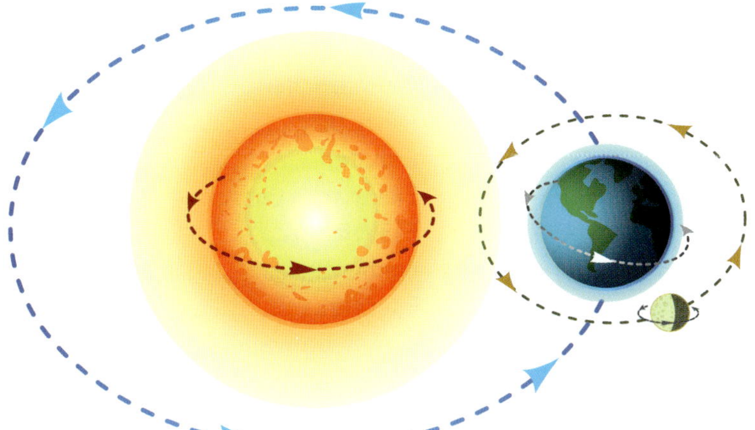

Geschwindigkeit der Schwerkraft

Sogar die Schwerkraft ist nicht sofort da, sondern hat eine Geschwindigkeit, mit der sie sich ausbreitet. Diese ist genauso groß wie die Lichtgeschwindigkeit. Wenn also jemand die Sonne nicht nur ausknipst, sondern ganz wegnimmt, wird es erst acht Minuten später dunkel und die Erde würde aufhören sich um den Ort zu drehen, wo zuvor die Sonne war.

Newton und der Apfel

Der englische Forscher Sir Isaac Newton (1643–1727) war der Erste, der auf die Idee kam, dass es so etwas wie Schwerkraft gibt. Der Legende nach saß er unter einem Apfelbaum, als ihm ein Apfel auf den Kopf fiel. Er fragte sich, warum denn der Apfel eigentlich zu Boden fällt und nicht nach oben oder frei schwebt. Newton hatte erkannt, dass die Erde Dinge anzieht.

Register

A

B

C

D

E

F

G

H

I

J

K

L

T

U

V

W

Z

Bildnachweis

shutterstock.com: Rashevskyi Viacheslav 3 o., xpixel 3 M., Vitalliy 3 u., Lightspring 4 o., siloto 5 o., 19 STUDIO 5 M. (Planeten), Mila Drumeva 5 u., Siberian Art 8 o., Ara Hovhannisyan 8 u., Viacheslav Lopatin 10 o., Rashevskyi Viacheslav 10 M. l., ixpert 10 M. r., Galyna Andrushko 10 u., Vitoriano Junior 11 o., Everett Collection 11 u. l., ProStockStudio 11 u. r., Soleil Nordic 12 o., Mirelle 12 u., kelifamily 13 o., Vector Image Plus 13 M., CrackerClips Stock Media 13 u. l., Nickolya 13 u. r., ArtMari 14 o., Vivienstock 14 M., Marinka Buronka 14 u., trentemoller 15 o., vivanvu 15 u., vvvita 16/17 (Hintergrundbild), MAGNIFIER 16 o., Svetlana Orusova 16 u., Terry Kent 17 o., Art Berry 17 u., Vixit 18 (Hintergrundbild), ummanandapics 18, structuresxx 19 o., Gorodenkoff 19 M., Breck P. Kent 19 u., shooarts 20 o., JJW Photography 20 u., Tom Wang 21 o., Inked Pixels 21 M. o., Viorel Sima 21 M. u., Christian Vinces 21 u., Aleksandr Pobedimskiy 22 o., ABCDstock 22 M. o., majeczka 22 M. M., Inga Nielsen 22. M. u., Billion Photos 22 u., Bjoern Wylezich 23 o., Jeffrey B. Banke 23 M. o., RHJPhtotoandilustration 23 M. u., Teo Tarras 23 u. l., Stanislav Zhejbal 23 u. r., Susan Schmitz 24 o., ANNA TITOVA 24 M., AB Photographie 24 u., Zbigniew Dziok 25 o., Zadiraka Evgenii 25 M., Dotted Yeti 25 u., Dora Zett 26/27 (Hintergrundbild), Tequiero 26 o., Rashid Valitov 26 u., correct pictures 27 o. l., Ekaterina Kolomeets 27 o. r., PunderfulKayla 27 M., BeautifulBlossoms 27 u., Daniel Eskridge 28/29 (Hintergrundbild), Konstantin G 28 o., Krilerg saragorn 28 M., Roni Setiawan 28 u., tonyzhao120 29 o., Bildagentur Zoonar GmbH 29 u., Ortis 32 o. (Zweig), Melinda Fawver 32 o. (Raupe), Eric Isselee 32 o. (Frosch), WildMedia 32 o. (Raubvogel), Rich Carey 32 u. l., ver0nicka 32 u. r., Anke Licht 33 M., Sandra-Fotodesign 33 u., Aleksandar Dickov 34/35 (Hintergrundbild), pan demin 34 o., 3Dstock 34 M. o., Yes058 Montree Nanta 34 M. u., Vasiliy Koval 34 u. l., Rattiya Thongdumhyu 34 u. r., Andrei Metelev 35 o., Adam Ke 35 u., KYTan 36 o., Fabrizio Guarisco 36 M., Sawangkaew 36 u., xpixel 37 (Biene), Lane V. Erickson 37 (Libelle), Fotopstryk 37 (Fliege), Alexander Sviridov 37 (Heuschrecke), SIMON SHIM 37 (Käfer), Md. Asker Ibne Firoz 37 (Schmetterling), Eric Isselee 38/39 (Hintergrundbild), Katja Tsvetkova 38 o., Barbara Ash 38 M., Marek R. Swadzba 38 u. l., Kurit afshen 38 u. r., Gallinago_media 39 o. l., paula french 39 o. r., Kletr 39 u. l., Damona 39 u. r., TSN52 40/41 (Hintergrundbild), Jesus Giraldo Gutierrez 40 o., Piotr Krzeslak 40 M. l., Klaus Brauner 40 M. r., Andrey Pavlov 40 u. l., Aleksei Verhovski 40 u. r., John Navajo 41 (Kuckuck), COULANGES 41 (Siebenschläfer), Losonsky 41 (Reh), WildMedia 41 (Hirschkäfer), taviphoto 41 (Huckepack), Fotos593 42/43 (Hintergrundbild), Petr Salinger 42 o., Lukas Kovarik 42 M. o., mariamalaya 42 M. u., Ken Griffiths 42 u., Anton_Ivanov 43 o., Jo Reason 43 M. o., Dirk Ercken 43 M. u., slowmotiongli 43 u., Bogdan Kovenkin 44 (Hintergrundbild), Phillip van Zyl 44 o., nwdph 44 M., Nick Brundle Photography 44 u. l., Witsawat.S 44 u. r., Five-Birds Photography 45 (Hintergrundbild), Philipp Seiler 45 o., ThomasDeco 45 M. l., reptiles4all 45 M. r., acceptphoto 45 u., Fotografiecor.nl 46 (Hintergrundbild), Maleo 46 o., aaltair 46 M., Kletr 46 u. l., Damsea 47 (Hintergrundbild), CT.Designs 47 o., Pablo Joanidopoulos 47 u., Li Hui Chen 48 (Hintergrundbild), evaurban 46 o., vladsilver 46 u., Neil Bromhall 49, Ian Fox 50 (Frosch mit Laich), Eric Isselee 50 (Zyklus), Przemyslaw Muszynski 51 o. r., Bildagentur Zoonar GmbH M. l., Sandra Standbridge M. r., Frank Fichtmueller 52/53 (Hintergrundbild), ASPhoto2013 52 o., jps 52 M., Isabelle OHara 52 u., Rostislav Stefanek 53 o., COULANGES 53 M., Kevin Wells Photography 53 u., David JC 54 o., Jesus Cobaleda 54 M., Bildagentur Zoonar GmbH 54 u., Kurit afshen 55 o., Cosmin Manci 55 M. u., P.F.Mayer 55 u., F1_K_F 58 o., Ammit Jack 58 u., PJ photography 59 o., Damsea 59 M. o., Diana Will 59 M. u. (Kieselalgen), Tarpan 59 M. u. (Krill), Tomas Kotouc 59 M. r. (Buckelwal), Ethan Daniels 59 u., Thannithi 60 o., Kuttelvaserova Stuchelova 60 M., DrimaFilm 60 u., vilax 61 o., Lubos Chlubny 61 M., jessicahyde 61 u., Ailisa 62, shymar27 63 u., Vitalliy 64/65 (Hintergrundbild), Brian A Jackson 64 o., Ethan Daniels 64 M. o., Blubdi Photography 64 M. u., Francisco Javier Diaz 64 u. l., Nehris 64 u. r., Lev Kropotov 65 o., LHBLLC 65 u., alicja neumiler 66/67 (Hintergrundbild), Alexandru Teodor Chirila 66 o. l., photoPOU 66 o. M., marigold-y 66 o. r., R. Maximiliane 66 M., Muenchbach 66 u. l., Orest lyzhechka 66 u. r., Przemyslaw Muszynski 67 o l., Henrik Larsson 67 o. r., I. Rottlaender 67 M. l., BergelmLicht 67 M. r., Doikanoy 67 u. l., Dennis van de Water 67 u. r., Artiste2d3d 68/69 (Hintergrundbild), Smileus 68 o., Wolfilser 68 u., Smit 69 o., Tomas Drahos 69 M., Triff 69 u., guentermanaus 70 o. (Pflanze), Erik Zandboer 70 o. (Frosch), Southtownboy Studio 70 M., HAOS 70 u., rootstock 71 o., Charles T. Peden 71 M. o., Mks.G.A 71 M. u., Elena Zajchikova 71 u., Taweesak Sriwannawit 72/73 (Hintergrundbild), W. de Vries 72 o., Barbara Ash 72 M., Patila 72 u., Jeff Holcombe 73 o., LiskaM u. r., SOMSAK 2503 73 u. r., Kletr 74/75 (Hintergrundbild), bit mechanic 74, AKKHARAT JARUSILAWONG 75 o., Noppadon stocker 75 M., Philippe 1 bo 75 u. l., nerudol 75 u. r., shansh23 76 o., NadyaRa 76 M., Yuriy Bogatirev 76 u. l., Peter K. Ziminski 76 u. r., Roop_Dey 77 o., OpenRangeStock 77 M. o., Manfred Ruckszio 77 M. u., ChWeiss 77 u., Kamenetskiy Konstantin 80 o. l., mariait 80 o. r., Teguh Mujiono 80 M., frantic00 80 u., bluezace 81 o., Romiana Lee 81 u., Elena Nichizhenova 82 o., ONYXprj 82 u., Vibe Images 83 o., Michal Cervenansky 83 M., lenetstan 83 u., MattLphotography 84/85 (Hintergrundbild), VectorMine 84, metamorworks 85, HQuality 86 o., Sakurra 86 M., ilusmedical 86 u., Tatiana Shepeleva 87 o., Belish 87 M. o., Peter Hermes Furian 87 M. u., tomatoko 87 u., SciePro 88 o., Nixx Photography 88 M., sciencepics 88 u., Ramona Kaulitzki 89 o., Tatyana Vyc 89 M. (lachendes Kind), Marina Kliets 89 M. (weinendes Kind), Anatoliy Karlyuk 89 M. (staunendes Kind), Eric L Tollstam 89 u., Good Job 90 o., Siyanight 90 M., William Perugini 90 u., AlenD 91 o., haryigit 91 u., Alila Medical Media 92 o., 93 r., Vixit 92 u., Kolonko 93 l. (Sonne), Rangga Wijaya 93 l. (Gras), Olga Bolbot 94, beats1 95 o. (Getreide), Oleksandra Naumenko 95 o. (Fisch, Fleisch), monticello 95 M., ffolas 95 u., AlexLMX 96 o., 3drenderings 96 u., Designua 97, New Africa 98 o., Yurchanka Siarhei 98 u., Lightspring 99 o., fizkes 99 M., A3pfamily 99 u., Lukiyanova Natalia frenta 100 o., Designua 100 M. o., logika600 100 M. u., FamVeld 100 u., Photobac 101 o., OSweetNature 101 M., solar22 101 u., sadao 104/105 (Hintergrundbild), Nelson Antoine 104 o., ninassarts.com 104 u., yulianas 105 o., Shabtay 105 M., Anel Alijagic 105 u., Ewa Studio 106 o., BlueOrange Studio 106 M. o., Patrick Poendl 106 M. u., hancik 106 u., PixelDarkroom 107 o., AJSTUDIO PHOTOGRAPHY 107 M. o., Dina Saeed 107 M. u., Sergei25 107 u., Pakhnyushchy 108/109 (Hintergrundbild), Abrilla 108 o., Viacheslav Lopatin 108 M., GenOMart 108 u., Adam Radosavljevic 109 M., simonekesh 109 u. M., Dja65 109 u. r., Kevin Lings 110 o., Alfonso de Tomas 110 M. o., spatuletail 110 M. u., Everett Collection 110 u., 111 o., 111 M., 116 M., 116 u., 117 o., 142 o. l., 143 u. (Gruppe), 144 o., 144 M., 145 o. l., 145 o. r., 145 M., 145 u., 146 M., 148 u. r., 174 u., Mark Rademaker 111 u., matrioshka 112 o., wernermuellerschell 112 M., Kiselev Andrey Valerevich 113 M. o., Oliver Denker 113 M. u., OSTILL is Franck Camhi 113 u., irisphoto1 114/115 (Hintergrundbild), Viacheslav Lopatin 114 o., RudiErnst 114 u., WDG Photo 115 o. l., Mistervlad 115 o. r., FooTToo 115 M., Pixachi 115 u., Joaquin Corbalan P 116/117 (Hintergrundbild), Joaquin Ossorio Castillo 116 o., Prachaya Roekdeethaweesab 117 M., Billion Photos 117 u., Artur Didyk 118/119 (Hintergrundbild), Dan Kosmayer 118 o., Christian Bertrand 118 M. u., Denis Makarenko 118 u., BonnieBC 119 o., chaoss 119 u., Kozlik 120/121 (Hintergrundbild), vvoronov 120 o., Zharov Pavel 120 M., Vladimirkarp 120 u., phoelixDE 121 o., Carlos Amarillo 121 M., 360b 121 u., 129 o., 130 o. l., Alex Kravtsov 122/123 (Hintergrundbild), kovop58 122 o., sportpoint 122 M., Artur Didyk 122 u., ESB Professional 123 o., Frederic Legrand - COMEO 123 M., Skumer 123 u., Gorodenkoff 126 o., 126 M., Roni Setiawan 126 u., siloto 127 o., Zigres 127 M. o., Aeonian Photography 127 M. u., Matyas Rehak 127 u., Merydolla 128/129 (Hintergrundbild), MariaJose Blazquez 128 o., Petr Bonek 128 u., matrioshka 129 u., zhu difeng 130/131 (Hintergrundbild), Josiah_S 130 o. r., I. Noyan Yilmaz 130 u. l., Cezary Wojtkowski 130 u. r., MarCh13 131 o., Rudra Narayan Mitra 131 M., Sakdawut Tangtongsap 131 u., Preto Perola 132/133 (Hintergrundbild), Olga Kuevda 132 o., Alexander Tolstykh 132 u., ducu59us 133 o., vangelis aragiannis 133 M., Brigida Soriano 133 u., Gilmanshin 134 l., 134 r., Calin Stan 135 o. (Kolosseum), Fotokvadrat 135 o. (Gladiatoren), 136 o., kavram 135 u., Danny Smythe 136/137 (Hintergrundbild), Maren Winter 137 u., Slawomir Fajer 139 o., matrioshka 139 u., a_b_t 140 o., WitR 140 M., cge2010 141 M., Simon Mayer 141 u., ProStockStudio 142 o. r., Marzolino 142 u., Susan Law Cain 143 o. (Schriftstück), Victorian Traditions 143 M., Tanison Pachtanom 143 u. (Porträt), German Vizulis 146 o., T.W. van Urk 146 u., Grisha Bruev 147 o., Matt Gibson 147 M., Elzbieta Sekowska 147 u. l., Nowaczyk 148 o. (Außenansicht), Francisco Javier Diaz 148 o. (Innenansicht), Anton_Ivanov 148 u. l., spatuletail 148 u. r., MagMac83 149 u., Denis Belitsky 152/153 (Hintergrundbild), pongpinun 152 o. l., Lukasz Pawel Szczepanski 152 o. r., Procy 152 u., NASA images 152 o., Ara Hovhannisyan 154 o., creativemarc 154 u., max dallocco 155 o. l., J10 155 o. r., Volodymyr Goinyk 155 u. l., 19 STUDIO 155 u. r. (Merkur, Venus, Erde, Mars, Jupiter, Neptun), 158 u., 159, Pike-28 155 u. r. (Saturn), 158 M., Pe3k 155 u. r. (Uranus), 158 o., Yaum Kumar Verma 156/157 (Hintergrundbild), Vlada Young 156, Sylfida 157 (Symbol Zwilling), Christos Georghiou 160/161, Dotted Yeti 160 (Asteroiden im Asteroidengürtel), TheRealCreator 162 o., Triff 162 M., Iakov Kalinin 162 u., Naeblys 163 o., Alexander Sobol 163 M., Andrey_Popov 163 u., pratilop prombud 164/165 (Hintergrundbild), Castleski 164 o., Siberian Art 164 u., Elena11 165 o., FlashMovie 165 u., Meletios Verras 166 o., Juan Gaertner 166 M., Jim Cumming 166 u., Jiri Balek 167 o., Siberian Art 167 u., aslysun 170 o., MidoSemsem 170 M., FastMotion 170 u. (flache Erde), Erta 170 u. (Gedankenblase), fotohunter 171 o. l., vchal 171 o. r., Pau Buera 171 M., Adwo 171 u. l., Dragon Images 171 u. r., YvY illustrations 172 o., PhotoVectorStudio 172 M., vvoe 172 u. l., BrankoG 172 u. r., Aleksandr Pobedimskiy 173 M. l., Richard Juilliart 173 M. r., Bjoern Wylezich 173 u., Rost9 174/175 (Hintergrundbild), Yeti studio 175 l., Magcom 175 r., Teguh Mujiono 176 o., ampol sonthong 176 u., Dotted Yeti 177 o., Giviryak Sergey 177 M., Marzolino 177 u., Michal Zduniak 178/179 (Hintergrundbild), Oleksandr Filatov 178 o., Seqoya 178 M., qju 178 u., Africa Studio 179 l., CGN089 179 r., Milanazavr 180 o., Hamersmit Photography 180 u., Krasula 181 o., Rangzen 181 M., OSDG 181 u., Joe Jirang 182 o., Morphart Creation 182 M. r., Rusya007 182 M. (Blitze), IgorGolovniov 182 M. (Dynamo), yusufdemirci 182 u., ShutterStockStudio 183 o., Maksim Safaniuk 183 M., Stason4ik 183 u., Dmitry Galaganov 184 o., Akarat Phasura 184 M l., tranac 184 M. r., Mila Drumeva 184 u., amanemark 185 o., grayjay 185 M., wickerwood 185 u.

stock.adobe.com: JohanSwanepoel 9, Darin Sakdatorn 47 M., superjoseph 49 (Hintergrundbild), Michael Tieck 55 M. o. Erica Guilane-Nachez 138 o. r., andregric 138 M.

istockphoto.com: uplifted 135 M., Daniela 968 136 u., duncan 1890 138 o. l., 140 u., clu 140/141 (Hintergrundbild), ZU_09 141 o., Keith Lance 143 o. (Versammlung)

mauritius images, Mittenwald: 4 u., 32 M., 51 o. l., 51 u. l., 51 u. r., 109 u. l., 113 o., 137 o., 138 u., 139 M., 144 u., 149 M.

dpa Picture Alliance, Frankfurt: imageBROKER | Terry Whittaker/FLPA 33 o., blickwinkel/A. Hartl | A. Hartl 46 u. l., Heritage-Images | Mithra - Index / Heritage-Images 109 o., Judaica-Sammlung Richter | - 112 u., empics | PA 118 M. o., ASSOCIATED PRESS | AP Photo 148 M., akg-images | akg-images 149 o., ZUMAPRESS.com | NASA 153 u., Holger Hollemann | Holger Hollemann 173 o., KEYSTONE | ALESSANDRO DELLA BELLA 174 o.

Die will ich haben: Spannende Bücher mit dem WOW-Effekt!

Hier erfährst du alles Wissenswerte über Themen wie Tiere, Natur, Wissenschaft und Kultur.

80 Seiten
ISBN 978-3-8174-1748-3

80 Seiten
ISBN 978-3-8174-1740-7

128 Seiten
ISBN 978-3-8174-1591-5

128 Seiten
ISBN 978-3-8174-1592-2

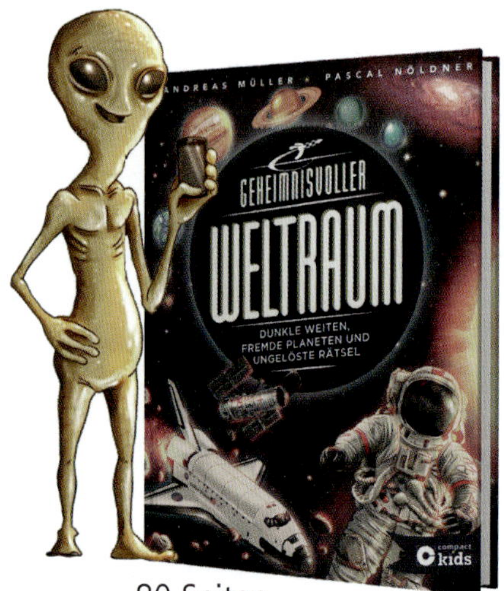

80 Seiten
ISBN 978-3-8174-1731-5

80 Seiten
ISBN 978-3-8174-1732-2

circon